Conférence sur l'efficacité

Collection
LIBELLES
Sous la direction de
FRANÇOIS JULLIEN

François Jullien

Conférence sur l'efficacité

PRESSES UNIVERSITAIRES DE FRANCE

ISBN 2 13 055143 2

Dépôt légal — 1re édition : 2005, septembre

6, avenue Reille, 75014 Paris

Ce texte de conférence est sans notes et sans références. Le lecteur pourra se reporter, pour suivre les analyses de plus près, à des essais précédents : *La propension des choses* (Le Seuil, 1992 ; réed. « Points Essais », 2003) et *Traité de l'efficacité* (Grasset, 1997).

Sans doute êtes-vous un peu las, en fin de stage, et saturés d'exposés, et mon affaire se trouvera-t-elle délicate à déployer. Comme il a été dit à l'instant, je viens de la philosophie, donc de la Grèce ; mais j'ai fait le choix de passer par la Chine. C'est cet écart-là que je voudrais travailler auprès de vous, ce soir, puisque la Chine me paraît être la grande civilisation qui s'est développée hors de la pensée européenne. Hors de notre langue, la grande langue indo-européenne ; en même temps que hors de notre histoire, en tout cas jusqu'à une époque relativement récente, jusqu'au XVIIe siècle et même, de fait, jusqu'au XIXe siècle. La commodité théorique que je trouve à passer ainsi par la Chine est qu'elle ouvre un ailleurs loin de nos références. Car, si l'on cherche une telle extériorité de la langue, on ne pourra la trouver en Inde, puisque le sanscrit est apparenté aux langues européennes ; et, de même, si l'on cherche une telle extériorité de l'histoire, on ne saurait la trouver dans le monde arabe ou dans le monde hébreu, qui sont continûment liés à l'histoire de l'Occident. Pour qui veut sortir de la pensée européenne, mais en se tournant vers un monde de culture aussi élaboré, civilisé, textualisé, que le nôtre en Europe, je dirais : il n'y a que la Chine.

UNE ALTERNATIVE DANS LA CULTURE

Ce qui me reconduit à cette pensée de Pascal que j'aime à citer en exorde à mon propos, quand il dit, pour prouver l'éminence de la religion chrétienne : « Lequel est le plus croyable des deux, Moïse ou la Chine ? » Cette formule me paraît forte à la fois parce qu'elle se présente comme une alternative – ceci *ou* cela : une alternative entre deux options de la pensée, creusée entre ces deux mondes qui se sont si longtemps ignorés ; et parce que cette alternative en même temps est bancale. D'une part, Moïse, grande figure symbolisant l'aventure religieuse de l'Europe à travers le monothéisme ; et, de l'autre, non pas Confucius, Laozi, ou je ne sais quel penseur chinois, mais « la Chine », un espace de pensée dont Pascal ne sait encore quasiment rien, à cette époque, si ce n'est qu'il voit bien la force d'objection que celui-ci constitue vis-à-vis de la pensée européenne. Lequel est le plus « croyable » des deux, Moïse ou la Chine ? La formule est si forte, en effet, que, si vous consultez l'édition des *Pensées,* vous verrez qu'elle a été barrée par son auteur. Pascal l'avance et la retire. Parce que dire, en plein XVIIe siècle : « Lequel est le plus croyable des deux, Moïse ou la Chine ? », sans doute était-ce dangereux. En tout cas, le propos est brûlant. Je trouve fort belle aussi la formule qui suit, Pascal poursuivant son dialogue avec le Libertin : « "Mais la Chine obscurcit", dites-vous ; et je réponds : "La Chine obscurcit, mais il y a clarté à trouver ; cherchez-là." » Quelle est donc cette « clarté » qui nous vient de la Chine ? Nous voici invités en tout cas à dissiper tout ce qui peut faire nébuleusement écran entre la pensée chinoise et la nôtre – c'est à l'intelligence qu'il reviendra de suivre, et d'organiser logiquement, de tels *embranchements* de la pensée, la voie est barrée d'emblée à l'exotisme. Ce propos des *Pensées* finit par cette formule que je trouve exemplaire, également, par ce qu'elle a de mobilisateur pour la recherche, quand il conclut : « Il faut donc voir cela en détail, il faut mettre papiers sur table » : mettre papiers sur table et, pour ce, travailler localement, patiemment, pour essayer de dresser ce vis-à-vis de la pensée chinoise face à l'européenne.

ÉBRANLEMENT DANS LA PENSÉE

Si l'on considère plus précisément, en effet, ce qu'a été la découverte de la Chine par l'Europe, à partir des XVIe-XVIIe siècles, on mesure l'étonnement éprouvé alors par les grands intellectuels européens à l'égard de la Chine, dont ils sont tenus informés par les rapports des missions. Auparavant Marco Polo était sans doute bien allé jusqu'en Chine mais, voyageant par terre, il ne pouvait éprouver cette rupture, entre civilisations, qui surgit lorsqu'on découvre brutalement un jour la Chine, par la mer, et qu'on y débarque. Reportons-nous donc à cette histoire de l'Europe renaissante, conquérante, s'embarquant sur ses caravelles et se tournant d'abord vers le Nouveau Monde : on sait qu'elle y rencontre un monde vide, ou qu'elle vide, en tout cas qui ne lui résiste pas. Au mieux, cela donnera le thème du « bon sauvage » qui est tout nu, qu'on habille et qu'on convertit. Il ne saurait véritablement inquiéter par-delà l'ambivalence de la figure qu'on dresse de lui : lui qui est resté si proche de l'état de nature, soit on le dédaignera parce qu'il n'est pas encore entré dans le règne de la civilisation, soit on l'admirera, au contraire, parce que, ne s'étant pas encore laissé corrompre par nos mœurs dégénérées, il préserve en lui la candeur de l'humanité. Il ne nous inquiétera pas pour autant, puisqu'il ne fait que nous rappeler ce que nous étions nous-mêmes à nos débuts, ceux de l'enfance des peuples – il nous ramène à nos premiers âges. Mais vous savez que, juste après cette conquête de l'Amérique, les mêmes bateaux qui sont d'abord des vaisseaux espagnols et portugais, se tournent vers les ports de la Chine du Sud ; et là, débarquant à Canton, les Européens trouvent un *monde plein.* Vous savez que les missionnaires débarquant en Chine à la fin du XVIe siècle devront apprendre le chinois, respecter les rites, honorer l'Empereur, étudier les Classiques, bref quelque part se siniser ; ils devront porter les vêtements chinois, etc. Ils vont même finir répétiteurs de mathématiques auprès de l'Empereur, à traduire les *Éléments* d'Euclide. Le message chrétien finalement est peu passé ; voire les lettrés chinois ont été fort peu troublés par ce qu'ils apprennent de l'Europe, alors que les grands européens de l'époque – on le voit à ce propos de Pascal – ont été fortement étonnés, et même *ébranlés,* par la découverte de cet autre monde, extérieur aux références européennes et tout aussi développé que le « nôtre », en Europe.

Le premier témoin de cette prise de conscience, à mon sens, est Montaigne. Montaigne qui, dans la troisième version des *Essais,* ajoute cette phrase, à titre de parenthèse, mais qui en dit plus que tout un développement : « En la Chine, duquel royaume la police et les arts, sans commerce et connaissance des nôtres, surpassent nos exemples en plusieurs parties d'excellence, et duquel l'histoire m'apprend combien le monde est plus ample et plus divers que ni les Anciens ni nous ne pénétrons. » Telle est donc l'extériorité de la Chine, dont la civilisation a atteint un degré comparable au nôtre, en Europe, mais qui s'est développée indépendamment de nous et, par suite, indifféremment à nous. Elle nous fait découvrir une possibilité de pensée *hors cadre,* c'est-à-dire ne passant pas par la grande filiation qui portait la pensée européenne et que celle-ci jusqu'ici croyait unique : celle qui commençait par Adam, Noé, le Déluge, s'étendait par la Mésopotamie et par l'Égypte, convergeait en Grèce, s'amplifiait à Rome, pour aboutir jusqu'à « nous » – le « nous » européen.

Quand je parle d'*extériorité,* je pense bien sûr aux premiers mots du grand livre de Foucault, *Les mots et les choses,* quand il traite, à propos d'une anthologie de Borges, de l' « hétérotopie » de la Chine, à distinguer de son utopie. Il y a une tradition, surtout en France, d'utopie à l'égard de la Chine, au XVIIIe siècle notamment – qu'on se souvienne du « catéchisme » chinois ; ou naguère encore avec le maoïsme. Mais « hétérotopie » signifie tout autre chose : on n'y fait pas signe vers une terre plus ou moins imaginaire, où serait promis le bonheur, mais on reconnaît simplement que le lieu est autre, qu'il y a un *ailleurs* de la pensée ; et que cet ailleurs de la pensée fait réagir notre pensée. Ainsi en va-t-il pour Montaigne, pour Pascal. Je pourrais tout aussi bien citer Montesquieu, lui qui, à la fin du premier livre de *L'Esprit des lois,* quand il a édifié son système des régimes politiques, nous dit ceci : au fond, ce que j'apprends de la Chine risque de mettre par terre tout ce que je viens d'édifier... La Chine serait donc là aussi *hors cadre* et telle qu'elle ébranlerait cette distinction des modes de gouvernement établie par Montesquieu, selon une tradition qui remonte au moins à Platon, et qui est celle de la pensée politique européenne réfléchissant sur les différentes formes du politique.

Montesquieu ne manquera pas bien sûr, par la suite, de remettre d'aplomb son système ; mais on ne saurait pour autant passer sous silence cette autre notation que je trouve étonnante par son intelligence. Là aussi, il s'agit de ce qui n'est avancé qu'à titre de remarque, en aparté, mais vous savez que c'est souvent dans ces sortes d'incise que, déjouant les effets de système et le confort qu'ils organisent, la pensée perce et va le plus loin : qu'elle est le mieux en mesure de se risquer : « Il suit encore de là une chose bien triste : c'est qu'il n'est presque pas possible que le christianisme s'établisse jamais à la Chine. » Voici soudain que Montesquieu se rend compte, au début du XVIIIe siècle, que la religion chrétienne, qui représentait jusqu'ici la vérité pour tous, la Vérité à vocation universelle, était en train de rencontrer en Chine un point d'achoppement, de résistance en tout cas. Constat d'autant plus remarquable que la Chine s'était ouverte au bouddhisme qui venait d'Inde, plus de mille ans plus tôt – et que l'histoire a vérifié, puisque la Chine ne s'est guère laissée pénétrer, en effet, par le message évangélique. J'espère avoir le temps aujourd'hui, avant de conclure, d'indiquer au moins brièvement pourquoi. Tenons-nous en, pour l'instant, en guise d'ouverture, à ce constat étonné de ce que la Chine ouvre un embranchement dans la pensée. Témoin encore Leibniz évoquant ces « gens d'un autre globe » : « Leur langue et caractère, leur manière de vivre, leurs artifices et manufactures, leurs jeux mêmes, différant presque autant des nôtres que si c'étaient des gens d'un autre globe, il est impossible que même une nue mais exacte description de ce qui se pratique parmi eux ne nous donne des lumières très considérables et bien plus utiles à mon avis que la connaissance des rites et des meubles des Grecs et des Romains où tant de savants s'attachent. » Pour moi qui, par formation, venait des Grecs et des Romains, il y avait là comme un avertissement...

ROUVRIR D'AUTRES POSSIBLES DANS SON ESPRIT

Mon travail s'inscrit, en effet, dans ce sillage : venant de la Grèce, en tant que philosophe, et passant par la Chine, j'y trouve là un point d'écart, ou de recul, pour remettre en perspective la pensée qui est la nôtre, en Europe. Car, vous le savez, une des choses les plus difficiles à faire, dans la vie, est de prendre du recul dans son esprit. Or la Chine nous permet ainsi de remettre à distance la pensée dont nous venons, de rompre avec ses filiations et de l'interroger du dehors. Autrement dit, de l'interroger dans ses évidences, dans ce qui fait son impensé. Ce passage par la Chine possède ainsi à mes yeux deux fonctions ; ou se développe en deux directions : de détour et de retour. Premier moment : éprouver ce que peut être un dépaysement de la pensée. Qu'est-ce qui arrive, en effet, à la pensée quand on quitte l'histoire de la philosophie et, notamment, quand on quitte les grands *philosophèmes* de l'Occident, l'Être, Dieu, la Liberté, etc. ? Et, plus encore, quand on sort de la grande langue indo-européenne qui les a articulés ? Quel est cet ébranlement qui soudain, *d'emblée,* les déstabilise ? Mais ce détour appelle un retour – même si un tel détour n'en finit pas, puisque je ne cesse de lire du chinois. Il consiste à revenir sur la philosophie pour l'interroger dans ce qu'elle n'interroge pas, la sonder dans ses partis pris. C'est-à-dire à éclairer de biais, à partir du dehors chinois, les choix implicites, enfouis, qui ont porté la raison européenne et que, par là même, celle-ci n'est pas en mesure d'interroger : puisqu'il y a ce que je pense, mais aussi ce *à partir de quoi* je pense et que, par là même, je ne pense pas. La Chine nous fournit ainsi une sorte de prise extérieure, opérant de façon oblique, pour essayer de remonter dans l'impensé de notre pensée : pour revenir sur ce que nous véhiculons dans notre esprit comme allant de soi et qui, redécouvert de ce dehors chinois, se perçoit à nouveau étonnant, fascinant, et nous redonne à penser. Vous l'avez compris, désormais : je ne vais pas en Chine par fascination de la distance et plaisir de l'exotisme, mais je recours à elle comme à un opérateur (et révélateur) théorique en vue d'inquiéter la pensée ; en vue de rouvrir d'autres possibles dans notre esprit et, par suite, de *relancer la philosophie*.

POUR ÊTRE EFFICACE : MODÉLISER

Ce préambule une fois posé, et ma démarche s'en trouvant éclairée, je vais m'attacher plus précisément, ce soir, à une question dont je pense qu'elle vous concerne plus directement dans la gestion des affaires et le management : celle de l'efficacité. Pour envisager comment les Grecs d'une part, et nous par héritage, les Chinois de l'autre ont pu concevoir différemment ce que j'appellerai d'abord de ces termes communs, l'efficacité ou la stratégie. Car c'est un point sur lequel le vis-à-vis entre ces cultures peut s'édifier assez aisément, me paraît-il, ces conceptions de l'efficacité, grecque et chinoise, se dévisageant et s'éclairant mutuellement, autrement dit, *se réfléchissant* l'une l'autre. Je crois que la façon grecque de concevoir l'efficacité peut se résumer ainsi : pour être efficace, je construis une forme modèle, idéale, dont je fais un plan et que je pose en but ; puis je me mets à agir d'après ce plan, en fonction de ce but. Il y a d'abord modélisation, *puis* cette modélisation appelle son application. Ce qui conduit la pensée classique européenne à concevoir l'intervention conjointe de deux facultés : l'entendement qui, comme dit Platon, « conçoit en vue du meilleur » – telle est la forme idéale ; *puis* la volonté qui s'investit pour faire entrer cette forme idéale, projetée, dans la réalité.

À titre d'exemple, et dans le domaine de la stratégie proprement dite, tel est le chef de guerre qui trace un plan des opérations, sous sa tente ou dans son cabinet, avant de les engager sur le terrain. Ou tel est, dans le domaine qui vous est le plus familier, l'économiste qui trace une courbe de croissance, comme évolution idéale, et ensuite doit considérer comment la faire appliquer. Tel est encore, plus généralement, dans la pensée européenne, le cas de la pensée politique. Nous traçons des formes idéales de la Cité, qu'il faudra ensuite mettre en œuvre, et cela commence déjà avec Platon ; cette « application » réclame toujours plus ou moins de forçage, voire appellera une Révolution. Mais, ne pourrait-on pas l'appliquer, cette forme idéale n'en a pas moins valeur de modèle, nous dit Platon, elle servira d'idée régulatrice et, du « ciel » des Idées, conduira l'action. De façon commune, nos constitutions, dont la France est grande consommatrice, sont également des modélisations. Vous vous souvenez même de cette constitution conçue sous la Révolution française et si parfaite, voire irénique, qu'on s'est empressé de l'enfermer dans un tabernacle, tandis que le Comité de Salut public, face à l'urgence de la situation, menait une politique de guerre et de terreur ; inapplicable comme elle était, elle n'en maintenait pas moins un statut de forme modèle et d'idéalité.

Il est important de sonder ce qu'a été cette attention portée par la pensée européenne à la capacité de *modéliser*. J'ai retrouvé cette formule dans la *République* de Platon à propos de la stratégie militaire – cette formule vous paraîtra d'autant plus saillante, étonnante, quand vous serez passés par la Chine. Au fond, qu'est-ce qui fait un bon général ? Platon nous dit ceci : « Car, pour asseoir un camp, prendre les places fortes, resserrer ou étendre une armée et lui faire exécuter toutes les évolutions qui sont d'usage, soit dans les batailles mêmes, soit dans les marches, un général est plus ou moins habile... » – je vous laisse deviner la suite : « ... selon qu'il est ou n'est pas géomètre. » Pour être un bon général, un général « habile », il faut être un bon géomètre. Et la géométrie, bien sûr, c'est la modélisation parfaite ; c'est le modèle du modèle. Or, effectivement, toute une part de la tradition stratégique européenne, au moins jusqu'à Clausewitz, a pensé la stratégie *d'abord* à partir de la géométrie. Question d'angles, de figures, etc. Bien sûr, la pensée grecque classique – je pense surtout à Aristote – n'a pas manqué de chercher ce qui pourrait intervenir à titre de médiation entre ce plan de la forme modèle, posée comme but, et celui de sa réalisation. Ou, pour le dire autrement, entre ce qu'on appelle la « théorie » et la « pratique », termes si communs chez nous que, je crois, nous ne les interrogeons plus ; ou plutôt, nous ne savons plus les interroger ni comment les inquiéter. Et, pourtant, nous sommes bien travaillés par l'idée d'une déperdition entre la théorie et la pratique : car celle-ci ne saurait se hisser au niveau de celle-là. C'est pourquoi Aristote a l'idée d'une faculté intermédiaire, qu'il appelle *phronésis,* traduit le plus souvent par « prudence », et qui serait à même de relier la modélisation et l'application ; et, par là, de réduire le fossé qui les sépare d'ordinaire. Tandis que Thalès incarne le choix de la théorie pure, lui qui contemple le ciel au risque de tomber dans un puits, ce dont se moque la servante thrace, Périclès incarne la *prudence* de l'homme d'action, faisant preuve à la fois de « justesse de coup d'œil » et de « jugement » : lui saurait adapter sa délibération à la contingence de la situation.

OU S'APPUYER SUR LES FACTEURS « PORTEURS » : « SURFER »

On conçoit bien, en effet, que la pensée grecque ne puisse se résumer à cette pensée de la modélisation et de son application. Il suffit de se tourner à cet égard vers ses strates les plus anciennes, dans la Grèce archaïque. Prenons pour exemple un personnage comme Ulysse : quand on lit l'*Iliade* et l'*Odyssée,* on voit bien qu'Ulysse n'est pas quelqu'un qui d'abord modélise, puis met en œuvre son plan. On l'appelle « Ulysse aux mille tours », Ulysse habile, « rusé », ingénieux, *polutropos.* Ce qui fait sa force, dans le récit homérique, c'est qu'il sait percevoir l'avantage qu'il pourrait tirer des circonstances et exploiter celles-ci. Aussi, quand on dit Ulysse rusé, « rusé » est-il encore trop psychologique ; le terme est à concevoir plus stratégiquement, il signifie qu'Ulysse repère dans quel sens évolue la situation et comment en tirer profit.

De quoi considérer de plus près une notion qui a existé dans le grec ancien, ou plutôt archaïque, avant l'avènement de la philosophie, et à laquelle de grands hellénistes français, Marcel Detienne et Jean-Pierre Vernant, ont consacré naguère un beau livre. Je cite le terme en grec : *mètis,* parce qu'on ne possède pas d'équivalent direct pour le traduire en français. Ou, si je veux rendre *mètis,* je dois recourir à la langue la plus familière, la plus ancrée dans l'expérience : *mètis,* c'est le « flair », comme on parle du flair en affaires. Detienne et Vernant ont traduit, pour faire titre, par « intelligence rusée ». Mais, je l'ai dit, il ne s'agit pas là de ruse au sens psychologique ou telle qu'elle est condamnée par la morale ; la *mètis,* c'est simplement la capacité à tirer parti des circonstances : à voir comment la situation évolue et à exploiter ce qui, en elle, est l'orientation favorable. Autre recours à la langue familière disant directement l'expérience : faire preuve de *mètis,* c'est détecter des facteurs « porteurs » au sein de la situation pour se laisser porter par eux. Entendons bien ce qu'un tel terme laisse apparaître, lui qui s'est imposé dans la langue ordinaire mais que le dictionnaire n'élucide pas : quand on parle de marché « porteur » (en affaires), ou qu'on dit simplement : « c'est porteur », cela signifie que toute l'initiative ne vient pas de moi, en tant que sujet, *auteur,* projetant mon plan sur le monde, à la fois prenant des risques et me dépensant ; mais que, en repérant des facteurs favorables au sein de la situation, je peux me laisser *porter* par eux. Je prends la situation, si j'ose dire, « dans le sens du poil » et tire parti de son développement. Autre image, qui devient également courante aujourd'hui : quand on dit « surfer ». D'Ulysse, je dirais qu'il surfe. Lui qui, durant tant d'années, est emporté au gré des flots et survit accroché à son radeau.

Tout nous dit ainsi, à travers ces termes ordinaires mais peu réfléchis par la philosophie, que ce qu'on appelle communément l'*opportunisme* n'est plus à prendre en un sens moral, défavorable, mais à concevoir stratégiquement. Sous la figure de Mètis, une telle notion était présente dans la Grèce archaïque. À preuve, quand il prend son pouvoir sur le monde, le monde des dieux et des hommes, Zeus épouse Mètis, pour être sûr d'asseoir son pouvoir en s'appuyant sur les circonstances et ne pas risquer d'être renversé par elles, comme lui-même a renversé les dieux précédents. Il veut que cette autorité nouvelle qu'il a gagnée puisse s'accorder avec l'évolution à venir, en dépit de l'instabilité des choses, grâce à sa capacité d'ondoiement. Par la suite, Zeus ira même jusqu'à avaler Mètis pour être sûr de se l'intégrer totalement. Et donc d'installer définitivement son règne sur le cours du temps.

Or il est significatif que cette notion de *mètis* comme capacité à tirer profit des circonstances et à se laisser porter par elles – si importante, on le constate, dans la pensée de la Grèce archaïque – en vienne à disparaître de la pensée grecque classique. Et même le terme disparaît de la langue grecque, il tombe en désuétude, comme s'il était périmé. C'est d'ailleurs ce qu'on a reproché parfois à ces hellénistes en arguant qu'ils traitaient d'une notion qui sort de l'usage quand se développe, en Grèce, la philosophie. Mais justement : c'est parce qu'elle est alors recouverte par cette autre option qui est celle de la forme modèle et de son application, la grande notion platonicienne de l'*eidos,* que nous avons évoquée en commençant. C'est celle-ci, en effet, qui, enfouissant l'autre et devenant l'option majoritaire de la philosophie, instaure le règne de la modélisation.

QUESTION : QUELLE LIMITE À LA FÉCONDITÉ DU MODÈLE ?

La question que je poserai, ce soir, est donc la suivante. La modélisation, nous le savons, est ce qui a fait la force de l'Europe – on le constate plus précisément encore si l'on pense au vis-à-vis chinois. Car, alors que, jusqu'au XIVe siècle, la Chine et l'Europe ont connu un développement comparable du point de vue des techniques (voire la Chine est, en bien des cas, en avance sur l'Europe ; cf. l'imprimerie, les jonques, etc.), voici soudain que les deux civilisations se séparent dans le rythme de leur développement. Or, qu'est-ce qui fait que, vers le XVe-XVIe siècle, un déphasage brutalement s'opère et que la civilisation européenne prend un étonnant essor ? Alors qu'on constate un bien moindre essor, voire une stagnation relative, du côté chinois. Un des angles de réponse, me paraît-il, est justement que l'Europe a donné toute sa force – ou mieux, son rendement – à la pensée du modèle ; et, d'abord, du modèle par excellence, qui nous vient des mathématiques. La grande idée européenne – issue des Grecs, mais qui prend tout son effet soudain chez Galilée et qui traverse l'Europe en remontant, passant par Descartes et Newton – est que les mathématiques sont un langage. L'univers est ce « livre immense » qui « est continuellement ouvert devant nos yeux », dit Galilée, mais qu'on ne peut comprendre « si on ne s'emploie auparavant à comprendre la langue et à connaître les caractères dans lesquels il est écrit » (*Il Saggiatore, L'Essayeur,* 1623). Or « il est écrit en langue mathématique ; et les caractères en sont des triangles, des cercles et d'autres figures géométriques ».

Idée folle, quelque part, mais infiniment féconde : folle, en tout cas non sensée, puisque, aujourd'hui encore, personne n'a pu expliquer pourquoi les phénomènes de la nature *peuvent* venir aussi commodément se ranger sous les constructions et raisonnements mathématiques, et d'où vient la « déraisonnable efficacité » de ceux-ci. Mais infiniment féconde : puisque c'est seulement en Europe qu'est apparue cette possibilité d'une application de la mathématique à la nature, donnant naissance à la physique classique, mécaniste, qui en si peu de temps, à coup d'inventions répétées, a changé la face de notre planète. Il y a bien sûr des mathématiques chinoises, comme procédures transformationnelles, algorithmiquement développées, opérant dans un secteur particulier, mais jamais les Chinois n'ont pensé que les mathématiques *puissent être un langage,* donc qu'elles servent à rendre compte des phénomènes de la nature (ils n'ont cessé de traiter de la nature, jusqu'à la découverte de la science européenne, en termes de *yin* et de *yang*). Jamais ils n'ont conçu cette idée que Dieu avait créé – « écrit » – le monde en équations ; et que donc, si j'apprenais les mathématiques, je pourrais lire le grand livre du monde et devenir « maître et possesseur de la nature », comme le dit si confiamment Descartes.

Telle est donc la question. En physique, grâce aux mathématiques, l'Europe a tiré le plus grand profit de la modélisation et de son application. Mais en va-t-il de même dans le domaine de la stratégie ? Ou, si je pose la question en termes aristotéliciens, je demanderais : est-ce que ce rapport de modélisation à application, ou de théorie à pratique, si pertinent dans le domaine de ce qu'Aristote appelait la *poièsis,* celui de la « production », le serait tout autant dans le domaine de la *praxis,* autrement dit de la conduite ? Convient-il notamment à la stratégie ? Autrement dit, l'efficacité attendue de la modélisation peut-elle être à ce point généralisée ou, sinon, où rencontre-t-elle sa limite ?

LA CONDUITE DE LA GUERRE, NON MODÉLISABLE, EST-ELLE POUR AUTANT INCOHÉRENTE ?

Puisqu'il est question de stratégie, je dois me tourner du côté de la pensée de la guerre telle qu'elle s'est développée en Europe. Ou, plutôt, telle qu'elle ne s'y est pas développée. Je me référerai, en effet, à ce sujet, à celui qui a été le premier grand penseur de la guerre en Europe, et ce si tardivement : Clausewitz, au début du XIXe siècle. Clausewitz, pensant la guerre, fait le constat de ce que la pensée (en Europe) a échoué à penser la guerre. C'est même de là qu'il part : si la pensée a échoué à penser la guerre, c'est justement parce qu'elle l'a pensée en termes opposés de guerre « modèle » (absolue) et de guerre « réelle ». À quoi tient, chez Clausewitz, par leur décalage, sa définition de ce qu'est la guerre. Le propre de la guerre, dit-il, est que la guerre réelle ne se passe jamais comme la guerre modèle. Telle est bien son « essence », ou c'est là son « concept » : la guerre, c'est ce qui dévie toujours, au cours des opérations, par rapport à ce qu'on en avait projeté. À la guerre, cela ne se passe jamais comme on l'a prévu d'avance et modélisé. En quoi la guerre est révélatrice de l'achoppement (enlisement) de la modélisation dans la *praxis*. C'est pourquoi d'ailleurs Clausewitz ne propose pas lui-même de théorie stratégique ; et dit de son propre livre qu'il l'offre seulement au chef de guerre pour sa « culture personnelle » et former son esprit.

Quand on réfléchit à la stratégie, on se rend compte en effet, nous dit-il, que, plus on s'élève dans la hiérarchie militaire, de la tactique à la stratégie, moins la modélisation peut jouer. Au niveau le plus élémentaire, lever ou baisser le fusil, le geste est modélisable et, dès lors, devient machinal. Mais, plus on monte en grade, moins cela convient ; et, finalement, du grand général, qu'attend-on si ce n'est ce qu'on appelle communément, mais paradoxalement, le « coup de génie » ? Car, qu'est-ce qu'un *coup de génie* ? C'est justement de laisser de côté toutes les modélisations précédentes, tous les plans d'état major érigés en chambre, et réagir à vif à ce qui surgit de la situation abordée. De saisir au vol les facteurs « porteurs », dirons-nous. Voyez comme ce « coup de génie » fait donc trou dans la rationalité européenne en appelant au secours ce qui en dit la déroute : l'inspiration et son improvisation, par délaissement soudain de l'action concertée.

Car modéliser, à la guerre, ne peut se faire qu'à partir d'une expérience antérieure – ce qui nous met fatalement en porte-à-faux avec le renouvellement de la situation, tel qu'il se trouve accéléré par la mobilisation accrue des énergies, que la guerre a suscitée. On l'a souvent dit de l'armée française. Elle a préparé en 1914 la guerre de 1870 : projetant une guerre brève, en pantalon rouge, faite de manœuvres concertées. Or, qu'est-ce qui se passe l'été 14 ? On le sait, tout autre chose. Voici qu'on se met à creuser des tranchées, à s'immobiliser et s'enterrer face à la ligne adverse – ce qui était inenvisageable, et même proprement inconcevable, avant l'engagement des opérations. Dieu sait pourtant comme l'État major français avait dû dresser des plans de guerre, mais sans jamais imaginer les tranchées. La guerre a dévié effectivement – fatalement – par rapport à ce qui avait été modélisé. Or, en 1940, c'est la même chose. On a modélisé, en 1940, côté français, à partir de la guerre de tranchées ; on a fait confiance à la ligne Maginot, et, finalement, cela s'est encore passé tout autrement : la guerre « éclair », etc.

Clausewitz fournit une indication pertinente pour éclairer un tel achoppement du modèle vis-à-vis de ce que la guerre, une fois engagée, nous découvre : la « friction ». Car, entre mon plan projeté et, ensuite, la mise en œuvre des opérations, il y a ce qu'on appelle, d'un terme européen, les « circonstances ». Ces circonstances émergeant soudain font que le modèle tracé d'avance se trouve plus ou moins en porte-à-faux par rapport au renouvellement de la situation dans laquelle je me trouve engagé. Circon-stance, *circum-stare* : si je parle ici de sémantisme européen (*peri-stasis,* en grec ; *Um-stand,* en allemand), c'est qu'il désigne chaque fois un « ce qui se tient autour ». « Autour » de quoi ? Je dirais : autour de cette projection de mon plan (désir) sur le cours à venir. *Autour* du sujet projetant et voulant que je suis – sujet d'initiative – et qui se représente tel un îlot, battu par les flots : au-delà, de tous côtés, il y a la mer avec ses vagues en constant renouvellement et le menaçant... La *friction* est cette résistance qui nous vient des circonstances quand nous projetons sur le monde notre action planifiée ; les effets attendus s'y voient progressivement amortis, ou dévoyés. Par exemple, il se met à pleuvoir, les roues s'enfoncent dans la boue, telle jonction ne se fait pas, on prend donc du retard, et puis, et puis... Waterloo. Napoléon n'aurait pas prévu la pluie.

Clausewitz donne une bonne image de cette différence entre les deux moments. Quand vous modélisez, nous dit-il, c'est comme quand vous marchez sur la terre, cela va tout seul, sans rencontrer de difficultés. Mais, quand vous mettez ensuite en œuvre ce plan, que vous engagez les opérations, c'est comme quand vous marchez dans l'eau – nous l'avons tous fait : il y a là « friction », de toute part, il faut rééquilibrer et forcer. Telle est la résistance, telle qu'elle nous vient des circonstances.

Prenons la bataille d'Austerlitz ; et lisons-la, non pas selon nos manuels d'histoire, mais chez le grand romancier Tolstoï, dans *Guerre et paix,* du point de vue des Russes et des Autrichiens coalisés contre Napoléon. À la veille d'Austerlitz, les généraux russes et autrichiens, nous décrit Tolstoï, se réunissent dans un beau château, et un général autrichien (Weirother) lit le plan de bataille, item après item. Cela dure une heure ; et le vieux général russe, Koutouzov, s'endort. Il s'endort parce qu'il sait bien, d'expérience, que cela ne se passera pas ainsi demain matin. Car, évidemment, d'après le plan de bataille dressé la veille d'Austerlitz, Napoléon ne peut que perdre : puisqu'il est loin de ses bases, puisqu'il a reculé depuis plusieurs jours, que ses troupes sont moins nombreuses, qu'il occupe une position moins favorable, etc. Mais, le lendemain matin, quand les troupes alliées mettent en œuvre ce plan de bataille, en procédant à une opération complexe de contournement – là encore la géométrie est au travail –, qu'arrive-t-il en fait ? Les « circonstances » : le fameux « brouillard » d'Austerlitz. Tandis que les troupes alliées sont engagées dans cette manœuvre qu'il est si difficile d'exécuter, et ce d'autant plus quand on est coalisé, Napoléon arrive dispos, nous dit Tolstoï, exprimant sur son froid visage le bonheur confiant des tous jeunes amoureux « quand ils sont payés de retour »... Retour d'immanence, dirait-on ? En tout cas, il ne paraît pas s'être embarrassé de modélisation superflue ; mais, profitant des évolutions de la nappe de brouillard, il attaque les troupes ennemies sans même qu'elles s'en aperçoivent, rompt leurs lignes, et les met en déroute.

On ne fait pas la guerre tous les jours ; mais voici que celle-ci fait apparaître, en bout de notre expérience, de façon extrême, un point fort d'achoppement. La guerre – nous l'avons encore vérifié récemment – ne se passe pas *finalement* comme on l'avait envisagée et préparée, comme on l'avait modélisée. La question pourra donc être reformulée ainsi : la guerre, qui est cet inmodélisable, est-elle pour autant incohérente ? Ou n'y a-t-il pas une autre cohérence, et prise sur la réalité, que celles que la modélisation a escomptées ?

DANS LES *ARTS DE LA GUERRE* CHINOIS : NOTION DE POTENTIEL DE SITUATION

C'est là qu'opportunément je me tourne vers mes Chinois, si j'ose dire, en tout cas vers les *Arts de la guerre* de la Chine ancienne – ces *Arts de la guerre* qui, vous le savez, n'ont pas d'équivalent du côté européen. En Grèce, on a principalement des traités techniques, de tactique : comment on range les troupes, comment on les fait pivoter, etc. ? Question d'angles, de figures – toujours la géométrie. On a aussi des traités de poliorcétique (la guerre de siège) ou de logistique (le ravitaillement, etc.). Sinon on s'appuiera sur le récit des historiens (Thucydide, Polybe, etc.) nous permettant de reconstituer ce que pouvait être une bataille dans l'Antiquité. Mais on ne trouve pas, en Grèce, l'équivalent des grands textes chinois des *Arts de la guerre* (Sun Zi, Sun Bin) qui datent des V-IVe siècles avant notre ère, de l'époque qu'on dit des Royaumes combattants, la Chine étant alors divisée en principautés rivales se faisant la guerre continuellement pour tenter, chacune à son profit, de refaire l'unité de l'Empire. Vous savez vous-même que beaucoup de managers aujourd'hui s'inspirent de ces auteurs, sans trop les comprendre (la traduction en est en premier lieu responsable), en Europe aussi bien qu'au Japon. Ce sont des managers « à la Sun Zi ».

Mon propos sera de retirer cette pensée stratégique des mains des gourous pour la rendre à la philosophie. Une telle pensée est, en effet, très cohérente elle aussi, même si elle nous conduit d'abord à creuser l'écart avec les attendus qui sont les « nôtres » (ceux du « nous » européen, issus de nos choix théoriques). Quand on lit le *Sunzi* ou le *Sunbin,* on se rend compte notamment que deux des notions les plus prégnantes de cette pensée stratégique ne passent par la distinction que nous avons faite entre modélisation et application, et même conduisent à défaire celle-ci. Ce sont les notions, d'une part, de « situation », « configuration », « terrain » *(xing),* et, d'autre part, de ce que je traduirais par « potentiel de situation » (*shi* ; prononcer *she*). Le stratège est ainsi invité à *partir de la situation,* non pas une situation telle que préalablement je la modéliserais, mais bien de cette situation-ci dans laquelle je suis engagé et au creux de laquelle je tente de repérer où se trouve le potentiel et comment l'exploiter.

L'image que privilégient les traités chinois de stratégie nous renvoie à notre expérience la plus commune – sans donc que ne s'y mêle aucun mystère ; et, si je traduis le second des termes par « potentiel de situation », c'est que je me réfère à ce qui est en physique classique, chez nous, le théorème de potentiel de situation. Prenez, en effet, ce cas typique : si vous amassez de l'eau en haut d'une pente en dressant un barrage pour la retenir, vous pourrez calculer, en fonction de la masse d'eau accumulée et de l'inclinaison de la pente qui est sous elle, la force avec laquelle, si vous ouvrez une brèche, l'eau aussitôt va dévaler, emportant en son cours tout ce qu'elle pourra rencontrer. C'est exactement la même image qu'on trouve du côté chinois. Mais, du côté européen, vous le constatez, on en a fait un théorème de la physique, le théorème du potentiel de situation ; tandis que, du côté chinois, on a exploité cette image du point de vue de la stratégie. Le grand général sera précisément celui qui sait toujours *trouver de la pente* sous lui : il verra ainsi dévaler ses troupes comme l'eau qui suit la seule inclinaison du terrain, sans avoir à peiner ; en même temps que, pareil à cette eau, il emportera tout sur son passage, sans que rien puisse lui résister.

Revenons donc à ce terme qui peut faire pont avec cette pensée chinoise de la stratégie attentive au potentiel de situation plutôt qu'au pouvoir de la modélisation : quand on parle de « facteur porteur », ou de « marché porteur », ou qu'on dit simplement : c'est « porteur ». Non pas « porteur de », mais « porteur », pris (dit) absolument : en signifiant ainsi que toute l'initiative ne vient pas de moi, mais qu'il y a, à même la situation, des facteurs favorables sur lesquels je peux m'appuyer pour me laisser porter par eux, ce terme ordinaire, mais peu réfléchi dans notre langue, rejoint bien l'idée stratégique d'un potentiel de situation. Les Chinois, quant à eux, ont particulièrement développé celle-ci : la stratégie ne sera autre, dans son principe, que de détecter ces facteurs favorables pour en tirer profit.

DU COURAGE : QUALITÉ INTRINSÈQUE OU FRUIT DE LA SITUATION ?

Les Chinois ont même poussé si loin cette réflexion sur les facteurs porteurs ou ce qu'ils nomment le

« potentiel de situation » qu'ils en viennent notamment à dire que, à la guerre, le courage ou la lâcheté, c'est, je cite : un effet du potentiel de situation. Courage et lâcheté ne sont pas une qualité ou un défaut qu'on posséderait ainsi intrinsèquement : je suis né lâche ou courageux ; mais c'est la situation, ou plutôt le potentiel de la situation, qui nous rend lâche ou courageux. Voyez comment cela fait écart avec notre humanisme européen puisque, pour nous, en Europe, le courage est plutôt tenu pour une qualité humaine. Nous disons de quelqu'un : il *est* lâche ou il *est* courageux. Or, si le courage est tenu, non pour une vertu, perçue d'un point de vue moral, mais pour un effet de potentiel de situation, le général chinois n'aura pas à se demander si ses troupes sont lâches ou courageuses ; mais plutôt comment forcer, ou mieux : acculer, ses troupes au courage. Il suffira pour cela, par exemple, de faire entrer ses troupes loin en territoire ennemi, de leur ôter toute voie de repli, et donc de les forcer à devoir se battre à mort pour s'en sortir. Elles n'ont pas le choix, elles y sont *acculées*. C'est ce qu'on appelle, en chinois, « faire monter haut » et puis « enlever l'échelle ». Vous vous trouvez ainsi bloqué, acculé, dans la *position* du courage...

Nous connaissons aussi ce type de situation, bien sûr, sur les champs de bataille européens, et comptons sur elle. Mais ce qui me paraît important est que les Chinois l'aient particulièrement réfléchi ; et même qu'ils en aient fait un axe pour concevoir la stratégie. Voyez Machiavel et son *Art de la guerre* – puisqu'il y a bien un *Art de la guerre* de Machiavel, mais qui est moins un traité de stratégie, à proprement parler, qu'une réflexion sur le rapport de la guerre et de l'organisation politique (problème de la milice, etc.). Machiavel note bien que, un jour, César avait si bien encerclé les Germains qu'il s'était rendu compte qu'il les rendait fous furieux, totalement belliqueux, et qu'il fallait donc mieux leur ouvrir une issue, quitte à devoir les rattraper par la suite, plutôt que de les rendre aussi « courageux ». Mais, voyez, Machiavel le note seulement à titre de remarque, en passant, et *ne part pas de là* pour penser la stratégie.

ÉVALUATION-DÉTERMINATION

Par quoi débute, quant à lui, le *Sunzi,* de quoi part-il ? Il arrive encore assez fréquemment aujourd'hui qu'on traduise le titre du premier chapitre du traité par « plan », car, bien sûr, c'est ce que, côté européen, on attend : pour préparer la guerre, on dresse un plan (on modélise). Mais *ji* signifie tout autre chose en chinois : « supputer », « évaluer ». Cet *Art de la guerre* commence donc, non par ce qui serait une planification, mais par une *évaluation,* qui est celle du potentiel de situation (c'est d'ailleurs ainsi que traduisait déjà, à juste titre, le premier traducteur du traité en français, Amiot, en 1772 : « De l'évaluation »). Le traité commence ainsi par dresser une table à partir de laquelle, rubrique après rubrique, item après item, puissent être systématiquement évalués et supputés les facteurs favorables à l'un et l'autre camp. Non seulement de quel côté les troupes sont les meilleures ou le général est le plus éclairé ; mais aussi de quel côté on trouve le meilleur moral, ou de quel côté le rapport entre le prince et le peuple est le plus favorable, etc. De façon à pouvoir tracer, non pas un plan des opérations, mais un diagramme du potentiel de situation, entre l'adversaire et moi, révélant sur chaque point quel est le rapport des forces impliquées – et ce jusque dans son caractère éminemment *variant,* puisque le cours de la guerre est toujours issu d'un rapport polaire, réciproque, et donc constamment réactif, entre les deux camps. Ne nous enfermons pas – ne nous enferrons pas – dans des plans qui, dressés d'avance, sont bientôt caducs, rigides comme ils sont, et font barrage à la capacité d'intégrer le changement en cours. En revanche, si l'on ne cesse de prendre appui sur le potentiel de situation, est-il dit, on pourra aisément, en épousant la façon dont celui-ci se renouvelle, gérer cette variation continue : « Le potentiel de situation consiste à déterminer la variable en fonction du profit. » Vous voyez que cette notion de *potentiel de situation* est ainsi portée à récupérer d'une façon positive, tel est son avantage, la notion de « circonstance », sur laquelle la stratégie (européenne) précédemment achoppait. Car non seulement la variable se trouve intégrée au potentiel, mais c'est même en transformant un tel potentiel à son profit, grâce à son pouvoir de variation, que le stratège compte l'emporter progressivement sur son adversaire.

Pour Clausewitz, la circonstance était ce qui fait dévier le cours de la guerre, faisant écran entre la modélisation et son application, et était source de « friction » dans la manœuvre. Or Sunzi nous dit précisément, à l'opposé, que, à la guerre, la victoire « ne dévie pas » : parce que la victoire est toujours la résultante du potentiel de situation, tel qu'il se renouvelle au cours des opérations ; ce qui survient à chaque instant est nécessairement la conséquence du rapport de force impliqué. L'analyse ici est rigoureuse et ne laisse pas place à l'aléa : la guerre, à chaque étape, apparaît bien toujours le produit du potentiel de situation pour qui sait envisager celui-ci à la fois sous tous ses aspects et dans son évolution.

Plus encore : si je me retourne du côté européen, je ne peux pas ne pas voir cet autre trou fait dans la rationalité et répondant au « coup de génie » de qui sait laisser tomber la modélisation pour réagir à vif à la circonstance. Cet autre « trou » ouvrant une brèche dans la cohérence des processus, nous le nommons du nom le plus vague faisant sa place à l'indéfinition de la transcendance : les « dieux », le « destin », le « hasard », ou la « chance »... *Tuché.* Vous savez que, dans notre Antiquité, avant d'engager la bataille, on prenait soin de consulter les sorts, d'examiner les entrailles des victimes sacrificielles ou le vol des oiseaux ; et, si les signes perçus étaient jugés trop néfastes, on préférait se retirer. Or le *Sunzi* interdit expressément tout recours à la divination : aucune intervention n'est à supposer, à espérer, qui soit extérieure à la logique interne au déroulement. Du côté européen, en revanche, cette idée d'avoir à tenir compte du hasard ou de la chance, et même d'avoir à capter la faveur de la divinité, ne nous a pas quittés. *Gott mit uns,* « Dieu est avec nous »... Clausewitz lui-même, dans *De la guerre,* fait une place à l'aléa, voire fait de celui-ci le ressort ultime : la guerre, finalement, nous dit-il, est comme un jeu de cartes... Clausewitz le dit pourtant après ce grand progrès de l'outil mathématique que constitue le calcul des probabilités. Il n'en reste pas moins, au bout du compte, dans la détermination du succès, quelque chose de non mathématisable – non modélisable –, et c'est ce qui rend la guerre fascinante. Parce qu'elle est *finalement* tel un jeu de cartes et se découvre imprévue, elle ne cesse de parler à notre désir comme à notre imagination, et c'est pourquoi elle nous passionne.

MOYEN–FIN

L'écart entrevu entre les conceptions qui ont prédominé de part et d'autre, en Europe et en Chine, peut s'approfondir encore davantage en se lisant syntaxiquement. Du côté européen, la pensée de la modélisation a conduit à penser l'efficacité en termes de moyen-fin. La forme idéale servant de plan est posée comme but ; *puis* il faut trouver les moyens à mettre en œuvre pour atteindre ce but. Le meilleur moyen est celui qui conduit le plus directement à la fin visée. Si je me reporte une fois encore à Clausewitz, telle est bien sa maxime de l'efficacité, énoncée sous une forme kantienne, comme un impératif stratégique : « Tu viseras le but le plus important, le plus décisif, que tu te sentiras la force d'atteindre ; tu choisiras à cette fin la voie la plus courte que tu te sentiras la force de suivre. » Voilà ce qui serait la formulation la plus dense, résumant l'essentiel, de l'exigence stratégique : la forme modélisée une fois posée comme but, nous recherchons le moyen le plus économique à notre portée conduisant à la fin visée. Or, pour en avoir souvent traité dans le milieu du management, en contexte d'entreprise, je me suis rendu compte qu'il était difficile, aujourd'hui encore, de penser l'efficacité en dehors du rapport moyen(s)-fin.

Clausewitz lui-même a conçu toute sa pensée stratégique en termes de moyen et de fin. Ainsi, à la guerre, considérée à sa plus large échelle, tout engagement est le moyen d'une fin qui est la bataille, la bataille elle-même est le moyen d'une fin qui est la guerre, et la guerre est le moyen d'une fin qui est politique. Dans cette construction pyramidale, chaque niveau intermédiaire est à la fois la fin du niveau inférieur et le moyen du niveau supérieur. Or une telle architecture logique ne se trouve pas du côté chinois – mais c'est également « logique » : n'ayant pas développé la pensée d'une forme idéale, la Chine n'a pas promu non plus la notion de moyen conduisant vers elle. Le chinois classique ne possède même pas de terme consistant et précis pour dire le « but » ; à peine la notion apparaît-elle dans le contexte autoritariste, des penseurs dits « légistes », et elle devra en fait être traduite de l'occidental, à l'époque moderne, en combinant l' « œil » et la « cible » *(mudi, mubiao).*

Un des grands dépaysements éprouvés à la rencontre de la pensée chinoise, en effet, est qu'elle retire la pensée de la finalité et la dissout. Tarissement des fins – exploitation des propensions. À l'entendre énoncer abstraitement ainsi, vous n'en semblez guère dérangés, ni même seulement intrigués ; mais l'incidence pourtant en est immense. Car la finalité habite partout la pensée grecque. Voyez, dans Platon ou Aristote, le rapport matriciel noué entre *eidos,* la forme modèle, et *telos,* la fin visée ; chez Aristote, c'est cette cause finale, *telos,* qui tire à elle le devenir ; et, comme en français, « fin » y signifie à la fois terme et but. Or c'est aussi là, quelque part, la grande idée religieuse qui nous vient, sur fond d'eschatologie, de la tradition hébraïque, l'autre grande source, dit-on trop sommairement, de la pensée européenne : le peuple de Dieu est en route *vers* – une Terre promise, un paradis, etc. Platon consomme du Jugement dernier comme l'Évangile de l'Apocalypse. Or la Chine antique n'a développé ni l'un ni l'autre. Car la pensée chinoise a pensé, non le but et l'aboutissement, mais l'intérêt ou le *profit, li.* Si ce profit est recherché à l'échelle du monde, il fait le Sage (ainsi dans le *Classique du changement, Yiking,* pensant la globalité des processus) ; à une échelle réduite, et dans un rapport antagoniste, il fait le stratège (et le terme peut être alors marqué négativement ; cf. Mencius). Ni l'un ni l'autre ne construisent un ordre des fins ni ne visent ce qui pourrait être un objectif (*skopos,* en grec). Mais ils tendent chaque fois à tirer partie de la situation, érigée en dispositif : pour le bien de tous les hommes et dans une intention morale (le Sage) ; ou pour le compte d'un prince en rivalité avec les autres : le stratège.

OU CONDITION-CONSÉQUENCE

Aussi la relation matricielle envisagée en Chine est-elle de condition à conséquence. Telle est la logique de la *propension* se substituant à celle de la *finalité.* Or, qu'est-ce que la stratégie si ce n'est précisément repérer en amont tous les éléments favorables, comme facteurs porteurs, à titre de condition, de façon à les développer et en tirer le meilleur « profit » ? De façon à en tirer parti pour réussir. À titre de *condition* : tel est le potentiel. Sans donc qu'il y ait visée, définition d'objectifs, et tel est l'écart essentiel. Je ne me fixe pas un but, car celui-ci serait une entrave au regard de l'évolution de la situation ; mais j'*exploite* une disposition. Ou, si cette disposition m'est défavorable, je travaille d'abord à la réduire : si l'ennemi arrive reposé, est-il dit, il faudra commencer par le fatiguer ; s'il arrive rassasié, il faudra commencer par l'affamer ; s'il arrive uni, il faudra commencer par le désunir, etc. Bref, il faudra le faire entrer dans un processus tel que progressivement ces conditions favorables lui soient retirées et qu'elles basculent de mon côté : *de sorte que,* au-fur-et-à-mesure, et sans même qu'il s'en rende compte, le potentiel s'inverse ainsi en ma faveur.

Donc un grand stratège ne projette pas (un plan) ; mais il repère, *détecte,* à même la situation, les facteurs qui lui sont favorables, de façon à les faire croître ; en même temps qu'à faire décroître ceux qui seraient favorables à son adversaire. Je l'entraîne ainsi dans un processus qui le conduise progressivement à se trouver déstructuré, désemparé, décontenancé, et qu'il perde son potentiel. Je trouve beau ce terme français : dé-contenancé – voici que peu à peu l'adversaire perd de sa « contenance ». Si bien que, quand finalement je l'attaque, l'adversaire est déjà défait. Ou mieux, je n'engage le combat que quand il est *déjà* défait ; donc que j'ai *déjà* gagné. Telle est la grande règle de la stratégie chinoise. Tant que ce n'est pas mûr, je favorise le mûrissement et ne force pas ; mais, quand le fruit est mûr, qu'il est prêt à tomber, je n'ai plus qu'à le cueillir, cela va sans faillir : la victoire, comme il est dit, « ne dévie plus ». Si je n'engage le combat que lorsque j'ai déjà gagné, je gagne à tout coup, sans dépense et sans résistance. Je ne cours plus de risque. Nul besoin de prier les dieux ou de consulter l'augure.

ÉLOGE DE LA FACILITÉ

Ce qui conduit à cette formule décisive du *Sunzi* : « Les troupes victorieuses sont des troupes qui ont vaincu avant d'engager le combat ; les troupes vaincues sont des troupes qui ne cherchent la victoire qu'au moment du combat. » Tout s'opère en amont, au stade des conditions ; je dois avoir défait l'ennemi, en minant et sapant son potentiel, avant que de l'affronter. Autre formule qui, je crois, ne manquera pas d'étonner, tant elle prend le contre-pied du sens attendu : « Du grand général, il n'y a rien à louer, ni grande sagacité, ni grand courage. » Ce qui signifie que les grands généraux, ou plutôt ceux que nous appelons naïvement de « grands généraux », ceux que nous célébrons, à qui nous dressons des statues, ne sont en fait que de piètres généraux. Pourquoi ? Parce qu'ils ont dû justement faire appel à leur génie, ou à leur courage, et ont obtenu la victoire à l'arrachée, héroïquement, dramatiquement, donc aussi de façon spectaculaire – dans le genre des Taxis de la Marne. Suivez mon panache blanc... Mais si, du grand général, il n'y a décidément rien à louer, ni grande sagacité, ni grand courage, comme le dit Sunzi, c'est bien sûr que le grand général est celui qui a su détecter le plus tôt les facteurs favorables, les facteurs porteurs, et a su les faire croître à son profit, en même temps qu'il faisait perdre à l'autre tout son potentiel. Peu à peu, nuitamment, sans coup férir. De sorte que, quand il engage enfin le combat, comme il a déjà gagné, les gens ne pourront que dire : c'était facile, c'était joué d'avance ; et croient qu'il est sans mérite. Tellement la victoire paraît découler de la situation et ne pas avoir requis d'effort humain ni d'inventivité. Mais que la victoire soit finalement allée de soi, sans qu'on ait eu à risquer et à s'illustrer, voilà la grande stratégie. Ce « sans mérite » est le grand mérite.

La grande stratégie est sans coup d'éclat, la grande victoire ne se voit pas. Je crois que nous pourrions le méditer en politique comme dans le domaine de l'entreprise et du management. Voyez ces chefs d'entreprise à qui on dresse des statues, qu'on décore en décembre en tant que « grands managers de l'année » : il n'est pas rare que, à peine quelques années plus tard, ils aient fait faillite, ou aient dû prendre la fuite... Vous voyez à qui je pense. Or, il en est tant d'autres dont on ne parle pas, dont on *ne songe même pas* à parler, encore moins en fait-on l'éloge : parce qu'ils ont si bien su gérer leur entreprise, en exploitant son potentiel, progressivement, dans la durée, qu'ils n'ont jamais été conduits à risquer et que le profit paraît être venu tout seul, *sponte sua*. Ils ont si bien géré, en amont, qu'ils ont toujours évité la crise et semblent même ne pas avoir rencontré de difficultés. Comme ils n'ont fait que tirer parti de la situation et n'ont jamais fixé d'objectif grandiose, n'ont pas jeté de grands défis (qui font rêver), la croissance de leur entreprise a paru procéder d'elle-même, de ce que l'on appelle couramment sa « bonne santé ». Pourquoi donc les louerait-on ? Et même pourquoi *penserait-on* à les louer ? Vous le constatez, hélas : à être un vrai manager, un manager effectif, et non un manager dont on parle, ne va pas sans nous décevoir et faire souffrir notre *ego*. De ce que vous avez su remporter les vraies victoires, on ne vous saura jamais gré. La stratégie est le contraire de l'héroïsme, les Grecs déjà le savaient. Il n'y aura donc pas de gloire à bien manager. J'ai connu bien des chefs d'entreprise qui m'ont dit, après m'avoir écouté : effectivement, j'ai conduit mon entreprise en exploitant tous ses atouts, en dépliant tous ses possibles. Rien de sensationnel, néanmoins son capital n'a cessé de croître, ses secteurs de se diversifier, ses implantations de se multiplier ; elle n'a cessé de s'affermir et de s'imposer. Or, quand je l'ai quittée, on n'a pas songé à m'en louer. Vous avez raison : les victoires effectives ne se voient pas.

Je dirais même : plus elles sont effectives, parce qu'intégrées au développement de la situation, moins elles se voient. Vous ne vous étonnerez plus, dès lors, de cette belle formule de Sunzi qui sonne d'abord pour nous comme un défi : le grand général remporte des victoires faciles. Des traducteurs européens du texte se sont dit : mais il manque une négation... Mais non, vous voyez bien que tel est *logiquement* le sens : le grand général remporte des victoires *faciles*. Ou, comme dit le *Laozi,* le Sage opère au stade de la facilité. Car le bon général a si bien su détecter le potentiel de situation, a si bien su favoriser les facteurs favorables, que, quand il engage enfin le combat, eh bien, oui, c'est « facile ». Vous mesurez d'autant mieux l'écart creusé avec Clausewitz, car celui-ci dit exactement l'inverse : l'efficacité est proportionnelle, nous dit-il, à la difficulté rencontrée – tel est le côté héroïque de la pensée européenne. Par exemple, l'effet de surprise, à la guerre, nous dit-il, est d'autant plus grand qu'il a été chèrement et péniblement acquis. Une surprise trop aisément aménagée est une surprise de peu d'effet : attachement invétéré à la prouesse, éloge atavique de la difficulté.

PROCESSUS : MÉDITER LA POUSSÉE DES PLANTES

Nous touchons ici au point le plus marquant de l'écart en jeu : combien la pensée du processus (de maturation) qu'a développée la Chine se sépare de la théâtralisation de l'effet : d'un effet apparent mais forcé – apparaissant parce que forcé (c'est en forçant qu'il apparaît) – et qui n'est donc qu'un effet factice : *pseudo*-effet. Je l'illustrerai, en quittant un instant la pensée stratégique, par une anecdote tirée du *Mencius*, qui est un grand texte de la tradition qu'on dit confucéenne, du IVe siècle avant notre ère, de l'époque de ces stratégistes. Notons d'ailleurs que, si Mencius ne pense pas la guerre, ce n'est pas qu'il renonce à la positivité de l'effet ; mais qu'il juge plus rentable, du point de vue même de l'efficacité, l'ascendant moral qu'exerce le prince. Ou, s'il se désintéresse de la stratégie, c'est qu'il prétend remonter lui-même plus avant dans les conditions d'efficacité (qu'il va quérir plus haut le potentiel) : soyez juste et fiable envers les autres, épargnez votre peuple, réduisez impôts et corvées, et vous verrez les peuples des autres princes, vos rivaux, d'eux-mêmes vous ouvrir leurs portes ; ils viendront spontanément à vous, vous n'aurez nul besoin de les conquérir. Bien loin de renoncer à la puissance coercitive de l'effet, Mencius considère que la morale est de plus d'effet ; qu'elle opère à un stade plus initial et plus imperceptiblement, donc avec plus d'efficacité, que la force brutale – trop étale ; comme elle relève d'un conditionnement plus radical, à la fois plus interne et plus prégnant, plus envahissant, on peut encore moins lui résister. Sa stratégie est plus subtile que la stratégie militaire.

Mencius nous raconte l'histoire suivante. Un paysan rentrant le soir dit à ses enfants : aujourd'hui, j'ai beaucoup travaillé, j'ai tiré sur les pousses de mon champ.

Tirer sur les pousses de tout un champ, l'une après l'autre, brin après brin, c'est évidemment fatiguant ; et, quand les enfants s'en vont voir le champ, tout est bien sûr desséché. Voilà l'exemple de ce qu'il ne faut pas faire, nous dit Mencius. Vous voulez que cela pousse et vous tirez sur les pousses. Vous voulez obtenir le plus directement l'effet, en fonction de l'objectif que vous avez fixé, et, ce faisant, vous ratez l'effet, parce que vous l'avez forcé. Je veux que ça pousse, je tire sur la pousse. En voulant hâter la poussée, agir *directement* sur elle, je vais à l'encontre du processus engagé ; car j'ai contrecarré, enrayé, la possibilité d'avènement *sponte sua* de l'effet. Car, bien sûr, la poussée de la pousse se trouvait impliquée *dans la situation* : elle était dans la graine qui était dans la terre. Au lieu de prétendre intervenir et vouloir me dépenser, il suffisait d'exploiter ce potentiel : de laisser *mûrir*.

Il y a ainsi deux écueils à éviter, nous dit Mencius. Soit je tire sur la pousse pour obtenir « directement » la poussée et, par mon activisme finalisé, je ne respecte plus le processus spontané de la poussée : autrement dit, je ne laisse pas mûrir l'effet. Soit alors je reste au bord du champ, à regarder pousser : j'attends que ça pousse. Or, que faut-il faire ? Je répondrai : ce que tout paysan sait. Ni tirer sur la pousse, ni la regarder pousser ; il faut *laisser* faire (le processus) sans pour autant le *délaisser*. Mencius nous dit : on bine, on sarcle, au pied de la pousse ; en rendant meuble la terre, en l'aérant, on favorise la poussée. On se garde de l'impatience comme de l'inertie. Ni volontarisme, ni passivité ; mais, en secondant le processus de poussée, on tire parti des propensions à l'œuvre et les porte à leur plein régime.

Quand je dis : ce que tout paysan sait, vous voyez se profiler, à l'arrière plan, une pensée d'agriculteurs se fondant sur le processus de poussée. Sans vouloir faire d'anthropologie simpliste, on ne saurait négliger pour autant les grandes oppositions dressées par Haudricourt entre nomades et agriculteurs. Peuple de nomades, dans le contexte biblique : avec le pasteur, le troupeau, le pasteur qui parle à son troupeau. Or, les nomades, en Chine, sont sur les confins, dans les steppes de l'Ouest et du Nord. À l'Est, il y a la mer : entre les deux, des plaines. Celles-ci sont trop petites, depuis si longtemps, au regard de l'importance de la population, pour être laissées à l'élevage : en les irriguant, en les fertilisant, patiemment le paysan chinois s'est attaché, au cours des millénaires, à en tirer le meilleur parti et les porter à leur plein rendement. La pensée chinoise en a appris, non pas à construire un modèle héroïque, rhétorique, qui, par sa force d'invention, viendrait s'imposer au monde ; mais à compter sur le processus infiniment graduel et silencieux de la poussée, qu'il convient d'accompagner.

J'ai cité les stratégistes, j'ai cité Mencius le moraliste, mais je pourrais invoquer tout autant cet autre pan de la pensée chinoise, ceux qu'on appelle les taoïstes. Car toute la pensée chinoise dit à cet égard la même chose. Ou, comme l'indique un penseur chinois de l'Antiquité : sous toute discussion, il y a de l'indiscuté. Tel est le *fond d'entente* à partir de quoi seulement on pourra ensuite discuter, prendre position, et même s'opposer et se réfuter. Cela vaut d'ailleurs aussi, chez nous, pour la philosophie : c'est même précisément ce fond d'entente, mais demeurant largement impensé (car, s'entendant en lui, on n'est pas conduit à le réfléchir et l'expliciter), que j'essaie, quant à moi, de faire apparaître à partir du détour chinois. – Or, du côté chinois, il y a ainsi *entente,* non problématisée, quant à ce qu'enseigne tacitement la poussée : non pas à s'ingérer, s'ingénier, mais à se conformer à la propension et l'accompagner ; non pas à guider (devant) mais à *seconder,* c'est-à-dire à venir en second – modestement, sans gloire et même sans attirer l'attention – pour porter cette propension à son déploiement. Laozi le résume magistralement en quelques mots : « aider ce qui vient tout seul ».

La formule n'est paradoxale qu'en apparence, elle dit adroitement, sous sa tension, le non-forçage non-délaissement. Voire, sous son apparent paradoxe, elle dit l'expérience la plus commune (celle du paysan) : ce que tout le monde sait (ou, plutôt, ce que tout le monde fait, sans le réfléchir), mais que nos oppositions catégorielles ont rendu illisible. C'est la tradition grecque, en effet, qui nous a appris à séparer, d'une part, ce qui est de l'ordre de l'engendrement naturel ou, plus précisément, de la « poussée », *phusis,* et, de l'autre, le faire créateur qui est propre à l'homme, la *techné.* Quitte à penser ensuite la nature, comme chez Aristote, sur le modèle de la technique. Aussi Aristote pense-t-il la nature industrieuse, délibérante, volontaire et se donnant des buts, comme l'artisan. La Chine, à l'inverse, a pensé le faire humain d'après le procès d'engendrement naturel et le relayant. Voire, elle n'a pas eu à isoler un concept spécifique de la nature, puisqu'elle n'avait rien dressé, à titre de valeur et de paradigme, à opposer à celle-ci ; ou, si certains penseurs chinois en sont tentés (Xunzi), le pas n'est jamais clairement franchi. Aussi divers, multiple et quasiment sans bord, est le registre qui, en Chine, sert à désigner la nature. Pour dire la nature, on dit le « ciel » (comme Procès régulé et continu) ; ou « ciel et terre » (pour en déployer la polarité, d'où naît l'interaction féconde) ; ou, plus précisément encore, les capacités d'« initiative » et de « réceptivité » (*yin* et *yang*), de l'accord desquelles découle tout engendrement ; ou encore la « spontanéité » (au sens de ce qui vient tout seul, *ziran*). Aussi les Chinois ont-ils dû traduire de l'européen le terme de « nature », à la fin du XIXe siècle, pour concevoir désormais, de façon univoque ou du moins détachée vis-à-vis du faire humain, le phénomène de *processivité* dans lequel leur pensée, jusqu'alors, était demeurée immergée.

MODALITÉS STRATÉGIQUES : L'INDIRECT ET LE DISCRET

S'inspirant de cette occupation de base, faire pousser, et ne cessant d'y revenir, l'efficacité chinoise se caractérisera donc par ces deux termes : elle opère de façon *indirecte* et *discrète*, par influence, comme la nature. Tandis que le rapport moyen-fin conduit à penser l'efficacité – ainsi chez Clausewitz – comme la voie « la plus courte » menant à la fin visée, l'efficacité chinoise est indirecte puisqu'elle procède des facteurs favorables, ou qu'on rend favorables, à titre de conséquence impliquée, et non d'un quelconque projet. L'*indirect* tient à ce qu'il n'est attendu d'effet véritable, effectif, qu'investi dans le cours d'un processus et passant par lui. Comme est indirect de biner au pied de la plante pour la faire pousser. « Faire pousser » : ce faire, si fatiguant qu'il soit, n'est que l'appui – sans appuyer – d'une poussée qui se déploie d'elle-même. Favoriser ce qui m'est favorable, a-t-on dit : c'est alors *de la situation même* que découlera l'effet. Ce n'est plus moi qui vise et qui veut, mais ce sont les conditions engagées, opportunément exploitées, qui aboutiront au résultat ; autrement dit, elles travailleront pour moi. – Au départ est le sujet *ou* la situation : la pensée chinoise part de la situation plutôt que du Moi-sujet.

En quoi elle creuse l'écart avec la pensée européenne qui, de plus en plus explicitement, au cours de son histoire, a pensé à partir de la fonction et dans la perspective du sujet – témoin encore, de nos jours, la psychanalyse, son dernier avatar. Les Grecs pensaient à partir de l'Être et du monde ; mais, d'Augustin à Descartes, le *cogito* s'est érigé en point de départ de la philosophie ; alors « la terre de la vérité » est en vue (Hegel). Aussi la pensée européenne, pensant à partir du Sujet, concevra-t-elle moins la *spontanéité* des processus, comme si sereinement l'ont élucidée les Chinois ; mais, avec toujours plus de passion et d'acharnement, et relativement au Moi-sujet, ce qui nous apparaît alors abruptement son envers : l' « arrachement » de la *Liberté* (s'imposant comme la grande valeur européenne et qu'a si peu pensée la Chine).

Second trait, qui en est la conséquence : l'efficacité chinoise est *discrète*. On ne voit pas la plante pousser. On ne remarque pas non plus le général opérant en amont, faisant mûrir les conditions. Procédant en amont, il infléchit les circonstances alors qu'elles sont encore malléables et ductiles, sans avoir à peser, encore moins à forcer. Or c'est l'effort qui se voit, l'effet en train de se faire ne se voit pas. Peu à peu, graduellement, le général sape le potentiel de son adversaire, est-il dit, sans que celui-ci s'en rende compte ; et même sans que ses alliés, autour de lui, s'en rendent compte. Et quand, enfin, le résultat apparaît, il est trop tard pour réagir, et celui-ci ne « dévie » plus. Il paraît même aller de soi – aussi n'est-il pas reconnu. Aussi personne ne songe à le louer. J'ai déjà dit le déficit qu'il pouvait en résulter du point de vue de ce Moi-sujet. Finis, le spectaculaire et la gloire. Plus de théâtre pour se faire reconnaître et se montrer. Quelque part l'*ego* est frustré...

DU CÔTÉ EUROPÉEN : ACTION, HÉROÏSME, ÉPOPÉE

Mais poursuivons sans mollir le parallèle engagé. Du côté européen, une fois placés en tête la modélisation et le rapport moyen-fin, ce qui vient nécessairement à la suite est l'*action*. Il ne suffit pas de dresser un plan, il faut encore le mettre en œuvre. Théorie - pratique ; pratique, en grec, signifie « faire » *(prattein)*. Il faut agir et s'investir pour faire entrer cette forme idéale dans la réalité ; et ce « faire entrer » sous-entend toujours peu ou prou un forçage. D'où l'appel qui est fait *dans un second temps* à cette faculté parallèle à l'entendement, la volonté, venant relayer celui-ci pour imprimer dans la matière résistante – récalcitrante – la forme projetée. Or les deux fonctions sont sans rapport, elles ont chacune leur principe propre, opèrent sur des plans différents (la connaissance / l'action). Témoin Descartes : mon entendement est fini et peut se tromper ; mais ma volonté est infinie, comme en Dieu. C'est donc sur elle, en définitive, qu'il faudra compter.

Voyez Clausewitz : même si vous constatez, au cours des opérations, que votre plan n'est pas bon, il faudra néanmoins vous y tenir, jusqu'au bout, coûte que coûte – finalement, à force d'acharnement de votre part, il pourra produire des effets. Rien de pire, en revanche, que de changer de plan, une fois celui-ci engagé, car vous vous trouveriez alors complètement démuni. De ce paradoxe, Clausewitz n'est pas sorti : tout en ayant bien repéré comment la guerre réelle dévie toujours par rapport à la guerre modèle, combien donc la planification projetée est risquée, Clausewitz n'en reste pas moins fidèle à cette maxime – consigne ultime – où s'abolit la stratégie : à partir du moment où vous avez engagé votre plan, il faut désormais vous y tenir désespérément, quel qu'en soit le prix à payer. C'est d'ailleurs ce que nous enjoignait déjà Descartes, dans le *Discours de la méthode* : si vous êtes perdu dans la forêt, que vous ne savez pas où vous diriger, prenez une orientation, même hasardeuse, et marchez « toujours le plus droit » que vous pourrez vers ce même côté – vous finirez bien un jour par en sortir.

Tel est donc l'autre grand versant de la pensée de l'efficacité en Europe : d'un côté, l'intellectualisme et l'abstraction formalisante ; de l'autre, l'héroïsme et l'épopée. Il y a hiatus entre les deux mais, comme tels, ces deux pans se complètent ou plutôt se compensent. Mais l'épopée, me direz-vous, se retrouve partout, elle apparaît au départ de toutes les grandes civilisations, elle en est l'aurore. J'ai cité l'épopée homérique, mais on retrouve aussi de l'épopée en Inde, comme aussi dans les pays scandinaves, comme aussi en France, ou plutôt ce qui allait devenir la France – les Chansons de gestes, Roland, Roncevaux. Partout, de la littérature a débuté par le récit des grandes actions héroïques, dont la mémoire est à garder. Au Japon aussi... Partout ? Oui, sauf en Chine. La Chine est la grande civilisation qui n'a pas connu d'épopée. Non qu'on l'ait perdue, mais elle n'y a pas été conçue. La Chine est sans barde et sans aède. Il y a bien des romans d'action et d'aventure, décrivant des batailles (comme le très beau *Au bord de l'eau*), mais ces romans sont relativement tardifs, écrits dans une langue vernaculaire qui n'est pas celle des Lettrés ; leur origine même est obscure et, pour une part, étrangère. Ils se sont développés en marge de la grande littérature et n'ont jamais eu cette fonction matricielle, d'où est née la littérature, qui revient partout ailleurs à l'épopée. Or cette absence, vous le reconnaîtrez, a pour le moins valeur de symptôme : pensant l'effectivité à partir de la maturation discrète de la plante, que favorise indirectement le paysan, la Chine ne pouvait qu'être indifférente à cette magnification et théâtralisation de l'action – la rendant éminemment spectaculaire – du poème épique.

DU CÔTÉ CHINOIS : LE NON-AGIR

Car, face à cet héroïsme de l'action, lié à la volonté – le dieu grec lui-même est « démiurge » et, chez Platon, il modélise (géométrise) –, vous connaissez certainement ce grand mot de la pensée chinoise, traversant toutes ses écoles, et qui sans doute la symbolise : le « non-agir » *(wu wei)*. Mais ce non-agir chinois est le plus souvent mal compris de notre part, parce qu'on l'a lu à partir de nous, comme ce qui serait désengagement, renoncement, passivité : le détachement de l'Oriental... Or tous ceux qui ont fréquenté tant soit peu des amis chinois savent très bien que ceux-ci ne sont ni passifs, ni renonçants, ni désengagés. Et qu'en affaires ils sont les meilleurs, Montesquieu déjà l'avait noté. Ce non-agir doit donc être lu en considérant la formule en son entier : « Ne rien faire, mais que rien ne soit pas fait » *(wu wei er wu bu wei)*. Ou je peux traduire aussi bien : ne rien faire *de sorte que* rien ne soit pas fait. Ce mot vide, *er*, reliant les deux côtés de la formule, signifie à la fois « mais » (« mais que rien ne soit pas fait ») et *de sorte que* (« de sorte que rien ne soit pas fait ») ; il dit aussi bien la concession et la conséquence, *mais* et *de sorte que*. Il vous suffira de comprendre comment une même liaison peut articuler les deux, dans son jeu propre, pour entrer dans la logique des processus.

Ou prenez ces deux termes chinois que vous connaissez tous : *yin* et *yang*. Si je dis : *yin er yang*, cela signifiera aussi bien : « *yin* mais *yang* » (les deux termes sont opposés et forment une polarité) et « du *yin* devenant (passant au) *yang* » (de la domination de l'un s'ensuit le retour de l'autre, d'où découle l'enchaînement ininterrompu du procès). En disant également la concession et la conséquence, ce même mot dit à la fois, dans son inséparation, qu'il y a bien l'*un* et l'*autre* (en tant que termes contraires) et comment, *par-là même*, chacun des contraires se renverse en l'autre. « Ne rien faire mais [de sorte que] rien ne soit pas fait ». Le paradoxe, une fois de plus, n'est qu'apparent, ce qui nous résiste encore dans la formule n'étant que ce qui fait barrage dans notre esprit, selon notre table des liaisons syntaxiques fondées sur la non-contradiction, à la déclôturation et désexclusion des contraires – chaque facteur à la fois s'opposant à l'autre et en résultant – à quoi tient la compréhension du *procès* (ici, Hegel rejoint la Chine ; et les marxistes chinois ont traité à leur tour, en effet, de la « dialectique élémentaire » de la Chine ancienne). Ou si la formule, de prime abord, vous paraît étrange, voyez néanmoins comme vous en vérifiez tous les jours la justesse : qui, après avoir beaucoup travaillé toute la journée, avoir ainsi beaucoup « fait », ne s'est pas écrié le soir, dépité : ah, tout ce que je n'ai pas fait ! Commençons donc par le vérifier *a contrario* dans l'expérience : plus on « fait », plus on laisse apparaître tout autour, dans son sillage, en éventrant la processivité à l'œuvre, du « non-fait ».

ACTION/TRANSFORMATION

Mais, si l'on n'« agit » pas, que fait-on ? Le maître mot de la pensée chinoise est « transformation » *(hua).* Non pas agir, mais transformer, et cela vaut tant pour le Sage que le stratège : le Sage « transforme » l'humanité tout entière, le stratège transforme l'adversaire. Je vous l'ai déjà dit : si l'ennemi arrive reposé, il faut le fatiguer – le transformer ; s'il arrive uni, il faut le désunir, etc. Il faut engager un processus tel qu'il fasse perdre progressivement sa contenance à l'adversaire et l'amène finalement à vous désuni, affamé, épuisé – décontenancé ; au point que, si vous l'attaquez, il s'effondre. Action/transformation. Dans l'œuvre de Mao, le Grand timonier, qu'on ne lit plus guère aujourd'hui, je l'avoue, y compris en Chine, je retiendrai surtout sa part stratégique et notamment un texte tel que : *De la guerre prolongée* (contre le Japon, 1938). Guerre « prolongée » : guerre par transformation. Parce que le Japon est alors beaucoup plus puissant que la Chine, en armement et puissance de feu, n'est possible face à lui que la « guerre d'usure ». Or, qu'est-ce que cette *usure* si ce n'est une transformation continue qui fait perdre peu à peu à l'autre son potentiel, par érosion, jusqu'à conduire au renversement de la situation ?

La pensée chinoise nous conduit ainsi à concevoir ce qu'est la transformation face à l'action. Car on peut opposer systématiquement les deux. De l'action, je dirai : 1 / qu'elle est momentanée – même si ce moment peut durer longtemps (dix ans, comme la guerre de Troie !) ; 2 / qu'elle est locale : elle se passe ici et maintenant, *hic et nunc* ; 3 / qu'elle renvoie explicitement à un sujet, qui peut être collectif : nous, les Achéens, sous les murs de Troie... Aussi, parce qu'elle est locale, momentanée, renvoyant à un Moi-sujet, l'action se démarque du cours des choses. Donc elle se remarque, si j'ose dire, et peut faire l'objet d'un récit, tel que dans l'épopée et les grandes gestes héroïques. Or la transformation se pense sur un mode exactement inverse : 1 / la transformation n'est pas locale, mais globale : c'est tout l'ensemble concerné qui se transforme ; 2 / elle ne peut être momentanée, mais s'étend dans la durée – elle est progressive et continue, il y faut toujours du déroulement, autrement dit du processus ; 3 / elle renvoie moins à un sujet désigné qu'elle ne procède discrètement par influence, sur un mode ambiant, prégnant et pervasif. Donc la transformation ne se voit pas. On n'en voit que les résultats. On ne voit pas le fruit *en train de* mûrir, mais on constate un jour que le fruit est mûr, prêt à tomber. Je reviens à l'exemple du *Mencius,* celui de la poussée silencieuse : on ne voit pas la plante pousser, parce que le phénomène de la poussée est global, imperceptiblement graduel, et se fond dans la durée.

Or les Chinois vous diront : mais toute la réalité *en fait* n'est qu'une suite de transformations. L'action est saillante, pelliculaire, apparente ; mais seule la transformation est effective. Car l'action n'est tout au plus qu'une focalisation - coagulation - crispation dans le cours continu des choses, ce qui la condamne structurellement à demeurer éphémère et superficielle. On pourrait même l'exprimer de façon inversement proportionnelle : moins cela se voit, plus c'est effectif, cet invisible qui fait le réel étant, non pas un invisible métaphysique (idéel, théologique), mais l'imperceptibilité de la transformation continue et processive. Par exemple, on ne se voit pas grandir, on ne se voit pas vieillir... Un matin, vous percevez un cheveu blanc de plus, et vous vous dites : tiens, j'ai vieilli. C'est un indice, un repère. Mais vous ne vous voyez pas *en train de* vieillir, parce que la transformation est globale et ininterrompue et que c'est l'être entier qui se modifie de concert : non seulement les traits du visage, mais aussi le grain de la peau, le timbre de la voix, l'éclat du regard, etc. – déjà les dénommer ainsi séparément est abstrait. Comme, en ce visage, tout se transforme simultanément et va de pair, aucun changement n'est isolable, identifiable (à titre d'« attribut »), et par suite aussi n'est saillant et remarquable. Seulement, quand vous voyez des photos d'il y a vingt ans, vous vous dites : tiens, j'ai vieilli... Cela, c'est le résultat. De même, dans la nature, on ne voit pas les glaciers fondre, ni les rivières creuser leur lit. Telle est l'érosion continue ; or c'est bien cette transformation qui fait le paysage, qui fait le relief. Les Chinois parlent, à ce propos, de « déplacements souterrains » et de « transformations silencieuses » (Wang Fuzhi). Les transformations sont toujours silencieuses. Les actions, elles, sont bavardes en même temps qu'héroïques. Aussi le Sage se garde-t-il autant d'agir que de parler (Confucius : « J'aimerais ne pas parler [...]. Les saisons suivent leur cours, les existants prospèrent. Quel besoin le Ciel aurait-il de parler ? »). Elles ont beau, l'une et l'autre, l'action et la parole, forcer et fixer l'attention (la parole aussi doit forcer pour convaincre), elles n'en restent pas moins, également, des épiphénomènes. Si seule la Chine antique n'a pas conçu d'épopée, c'est bien, comprenez-vous désormais, que du processus de transformation (maturation) – qui ne se voit pas – il n'y a non plus rien à dire.

MYTHOLOGIE DE L'ÉVÉNEMENT

On le vérifie à la façon dont les Chinois ont écrit l'histoire. En Europe, nous avons beaucoup écrit et consommé l'histoire sur un mode événementiel et, par suite, causaliste : un roi monte sur le trône, guerres, paix, traités, etc. Mais vous savez aussi comment nos historiens contemporains, ceux qu'on appelle de l'École des Annales (l'École de Braudel), ont introduit une autre façon de concevoir l'histoire à partir du temps long des transformations : par exemple, concernant la montée du capitalisme en Europe, on peut bien trouver des repères à cette mutation, mais il s'agit globalement d'un processus (non d'actions), et cela ne se date pas comme on date les successions royales. Or, justement, nombre de penseurs chinois (tel Wang Fuzhi) ont conçu l'histoire selon le temps long des transformations. Prenons, par exemple, l'événement le plus marquant dans l'histoire chinoise, en - 221, qui est celui de l'avènement de l'Empire : du premier empire bureaucratique du monde, bien avant l'Empire romain qui n'offre d'ailleurs rien de comparable en termes de structure étatique et d'administration. Or, lorsque vous regardez comment des Chinois ont écrit cette séquence historique, vous les voyez expliquer comment, avant - 221, il y avait déjà à l'œuvre, en maints endroits, des structures pré-impériales : ainsi, quand une principauté avait perdu son prince, se mettait déjà en place une structure administrative qui était de type bureaucratique (ou proto-bureaucratique) ; de même que, après - 221, il s'est produit nécessairement (logiquement) toute une série de révoltes tendant à revenir à l'Ancien Régime, ce mouvement « réactionnaire » ne se tarissant que peu à peu, sur plus d'un siècle, avant de s'éteindre complètement. Donc, au fond, la date de - 221, qui marque la fondation de l'Empire chinois, serait plutôt le point saillant et le marqueur d'une évolution qui non seulement est progressive et continue, mais aussi toujours est globale (le régime des dépenses publiques et le mode d'éducation, par exemple, allant de pair, est-il montré, avec la mutation administrative).

De quoi éclairer sous un nouveau jour la façon dont, en Europe, nous avons mis en valeur – et dressé –

l'événement, comme surgissement. É-vénement, *e-venit*. Il en est découlé une mythologie conduisant à la dramatisation de notre histoire, individuelle et collective (le « 11 septembre » !), dont se tient quitte, pour sa part, la pensée chinoise, n'y voyant qu'un trait d'écume affleurant au crêt de la vague, en renouvellement continu, des mutations ; c'est même de la dissolution de cette focalisation événementielle que procèdent aussi bien la sagesse que la stratégie. L'un pourtant s'oppose apparemment à l'autre : le paysan transformant (dans la durée) et l'homme de guerre agissant (dans l'instant) ; mais la Chine a pensé celui-ci à l'exemple de celui-là, et c'est pourquoi elle a été si attentive au non-événement, jusqu'à fonder sur lui sa stratégie.

Si l'on se rapporte d'ailleurs à la difficulté du christianisme à entrer en Chine, que j'évoquais en ouverture à propos de Montesquieu, on perçoit bien qu'une des raisons essentielles de la réticence des Lettrés chinois à l'égard du message chrétien est celle du statut attribué à l'événement. Tant le christianisme consacre au contraire celui-ci, voire l'élève en absolu. L'Incarnation : l'Éternel vient couper le plan du temporel ; il y a avant et après, transcendanciellement séparés. Tel est même l'incommensurable de l'Événement qu'il n'y a plus rien « après » comme « avant ». Or, face à cette événementialité consubstantielle au christianisme (mais inconnue du bouddhisme, d'où l'aisance de sa pénétration en Chine), la Chine, qui tant a cultivé le genre historique mais est demeurée indifférente aux « Grands récits », fait apparaître combien l'Histoire s'éclaire, au contraire, non selon le mode bruyant de l'action, mais selon celui « silencieux » de la transformation.

Ainsi le stratège, de même que le Sage, n'agit-il pas, mais il *transforme*. Je vois un exemple particulièrement frappant d'une telle différence stratégique dans cet épisode récent qu'est la guerre du Vietnam. La guerre du Vietnam n'est pas tant, à mes yeux, la rencontre de deux mondes (politiques, économiques) que celle de deux stratégies. Je laisse de côté l'épisode français, par pudeur – bien que Dien Bien Phu puisse se lire aussi de cette façon. Du côté américain, il est clair que ce qui était attendu, *visé,* était la grande bataille, conçue comme grande Rencontre et grand Événement, et faisant appel au maximum de puissance destructrice et focalisée. Or, en face, la stratégie vietnamienne, qui est la stratégie chinoise retournée traditionnellement par les Vietnamiens contre les Chinois eux-mêmes, est de déjouer cette attente : il n'y aura pas bataille. C'est un processus d'érosion progressive, de dé-contenancement – ce qu'on appelle, d'un mauvais terme, parce que trop sectoriel, la « guerre psychologique » – qui en tient lieu ; si bien que l'adversaire se laisse peu à peu désemparer, perd confiance en même temps qu'il perd pied, et que finalement il a perdu, sans même livrer la grande bataille attendue.

Du côté européen, qu'éclaire à nouveau Clausewitz, l'objectif à la guerre est l' « action », qui culmine dans la *destruction*. Il faut tuer le plus de gens qu'on peut. Souvenez-vous de Napoléon à Austerlitz (que médite Clausewitz) : quand, profitant du fameux brouillard, il a enfoncé les lignes adverses, Napoléon fait tirer les canons sur les marais gelés pour que le maximum de gens y soient noyés. Plus il y a de morts, mieux il a gagné. Or il est une phrase qui a beaucoup étonné des commentateurs européens du *Sunzi,* quand il est dit : « Conserver les troupes intactes est préférable. » Non seulement ses propres troupes, mais même les troupes adverses. Parce que tuer des gens, vous l'avouerez, c'est toujours un peu une perte. Mieux vaut les faire basculer de son côté, le potentiel en sa faveur en croîtra d'autant. Aussi, face à *destruction,* en quoi culmine l' « action » à la guerre, du côté européen, je parlerai, à l'inverse, du côté chinois, de *déstructuration* : pour y faire entendre le processus discret, global et continu, de la transformation.

S'AGIT-IL D'EMPIRISME ?

Donnons-nous donc plus de temps pour entrer dans cette logique « processive » de la transformation silencieuse, ne serait-ce que pour distinguer cette pensée stratégique prenant appui sur les atouts de la situation de ce avec quoi on tendrait à la confondre en Europe. Car j'entends l'objection : n'avons-nous pas nous-mêmes qualifié d'*empirique* toute conduite réticente à se soumettre à la détermination *a priori* d'un plan ou d'un modèle parce que se refusant à s'abstraire du caractère intrinsèquement déterminé et, par suite, individuel, voire incomparable, de la situation rencontrée ? Voire, de cet

« empirisme pur », faisons-nous fréquemment l'éloge, en dernier recours (et même Hegel dans son article sur le *Droit naturel*), reconnaissant à l' « homme d'action » la capacité de s'abandonner à ce divers multiforme de la situation, et même de s'enfoncer et de se laisser absorber en lui, jusqu'à percevoir avec une étonnante sûreté la nécessité guidant la « vie intérieure » de ce donné. Il s'y adapterait plus opportunément que par aucune planification et construction préalables. Parce qu'il ne laisse pas réduire celui-ci par l'arbitraire d'une déterminité privilégiée au détriment des autres et plaquée sur lui, l'homme d'action reste ouvert à la richesse infinie de son contenu comme à son évolution imprévisible ; il s'y meut avec d'autant plus d'aisance et de souplesse que n'interfère aucune grille catégorielle et directive, faisant écran entre la fraîcheur de la situation abordée et la disponibilité de son esprit. Il « suit son intuition », dit-on de lui, revenant ainsi incidemment à la célébration du génie. Or celui-ci, sait-on au moins depuis Platon, ne peut et ne doit s'expliquer : « intuition » est, pour la philosophie, ce terme commode, fourre-tout, où nous rangeons, pour s'en débarrasser, tout ce qui échappe au travail de l'entendement et permettrait un accès immédiat, non prévenu, non figé – par contact, « toucher » – avec ce qui, surgissant intarissablement dans le champ de notre expérience, ne s'y laisse ni concevoir ni ordonner.

Mais la stratégie chinoise du mûrissement n'a rien à voir, vous le constatez, avec ce fruste ou trop divin *toucher*. Ce qui s'écarte radicalement en elle de notre conception de l'empirisme tient à ce qu'elle pense, non pas selon les modalités de l'Être et du connaître, qui ont fait socle dans notre philosophie – celles, opposées, de la « puissance » et de l' « acte », ou de la substance et de l'accident, ou de l'*a priori* et de l'*a posteriori,* ou du concret et de l'abstrait, etc. –, mais dans la perspective et selon la seule catégorie du *déroulement en cours*. Celui-ci ne passe pas par la dissociation de l'Être et du devenir, mais ce procès est à lui seul l'entière réalité (son *tao*) : pour entrer dans cette conception stratégique, il faut donc, quittant notre pensée ontologique de la détermination, accoutumer notre esprit à celle d'une actualisation - désactualisation, progressive et continue. Aussi ne peut-on pas plus en rendre compte en invoquant l'immédiateté de l'intuition qu'en la référant à l'activité programmatrice et légiférante de la raison. Si le stratège chinois ne s'embarrasse pas de plan ou de modèle, il ne cesse pour autant de scruter la cohérence de la situation ainsi que de suivre la logique « non déviante » de son évolution conduisant au succès.

L'empirisme pur, assumé, se moque de ses propres inconséquences, on le sait (Hegel le répète et quelque part l'en loue), et ce au nom d'un donné irréductible que la raison ne peut lier et ordonner qu'en le falsifiant. Or, le stratège chinois ne fait, au contraire, que *dérouler la conséquence* : de ce facteur infime, à peine perceptible, il anticipe le déploiement (anticiper est le contraire de projeter) et le dirige de façon graduelle, au fur-et-à-mesure du déroulement de la situation, pour le porter à son plus haut potentiel et lui faire rendre son maximum d'effet. Ce qui le distingue du général européen, c'est qu'il n'est précisément pas un homme d'« action », celui-ci faisant appel à ce pouvoir (magique ?) de contact et de participation de l'esprit, dès lors que l'opération de l'entendement paraît condamnée à riper et n'a plus prise sur le cours des choses, trop chaotique : aussi le stratège chinois n'entre-t-il pas dans cette mythologie du dedans intime et de la plongée ineffable (l'*in*-tuition) venant compenser le survol extérieur et par trop placide – sans « friction » – de la raison. Il ne pense sa conduite ni ne rêve de maîtrise selon aucun de ces paradigmes étrangers : le contact, voire l'immersion, dans la présence (selon le toucher des sens) ou la projection à distance, dominant le devenir (selon le plan de Dieu).

UN CONTRAT AUSSI EST EN TRANSFORMATION (MAIS L'AMITIÉ AUSSI EST UN PROCESSUS)

Le souci du stratège chinois est de ne pas bloquer abstraitement – arbitrairement – l'évolution en cours, de façon à continuer de laisser opérer la transformation à son profit. J'en ai maintes fois constaté l'incidence à propos de contrats négociés en Chine. Excusez-moi de ce prosaïsme : en descendre soudain à parler de négociations et de contrats – mais je crois que vous êtes concernés ; et pour moi, philosophe, il n'est pas de matière prosaïque et qui ne soit bonne à penser (il est même intriguant d'examiner comment une certaine interprétation qu'on s'est construite – pour moi, celle de la pensée chinoise, à distinguer trait à trait de l'européenne – peut rencontrer ensuite, en retour, l'effectivité des choses). Du point de vue français, l'opinion qui prévaut d'ordinaire et qui, je le constate, se laisse difficilement inquiéter, est que le contrat est cette forme modélisée qui, une fois arrêtée, bloque par son événement le rapport engagé entre les partenaires : une fois le contrat signé, il n'y aurait plus qu'à « agir ». Or, j'ai eu l'occasion de remarquer que, en Chine, le contrat signé n'arrêtait pas pour autant l'évolution : le contrat demeurait en transformation. Des infléchissements très minimes d'abord lui étaient portés ; ou de légères contradictions surgissaient du sein même de la situation, qui laissaient paraître peu à peu une fissure – puis une faille, puis une brèche, puis un fossé... – entre le texte signé et l'évolution ultérieure du chantier ; bref, une déstabilisation s'instaurait qui faisait osciller progressivement tous les repères jusqu'à conduire les signataires européens, à peine un an plus tard, à ne plus oser eux-mêmes invoquer, pour se protéger, le contrat signé. Le procès des choses de lui-même, graduellement, avait modifié la donne.

Car pourquoi cette signature du contrat, si rituellement organisée qu'elle soit, aurait-elle pu – dû – figer à un certain moment le rapport de forces engagé ? En quoi ce moment donné pourrait-il faire suffisamment événement en fixant définitivement toutes les modalités d'avènement du projet, de sorte qu'il n'y ait plus ensuite qu'à « appliquer » ? Même ce qui, depuis la signature du contrat, a surgi de défavorable aux contractants chinois a pu se voir ensuite peu à peu retourner et transformer à leur profit, au point que leurs partenaires se découvrent enfin délogés de leurs « droits ». Or cette transformation n'est pas anecdotique mais exploitée méthodiquement, ou plutôt stratégiquement, par conditionnement (celui de la situation), cette déviation se révélant d'autant plus contraignante qu'elle dérive des circonstances elles-mêmes et s'est fait jour à l'insu des partenaires étrangers. Quand enfin ceux-ci la découvrent et même qu'elle leur saute aux yeux, il est trop tard, bien sûr. Elle leur paraît alors ourdie de loin, téléguidée ; voire on est tenté de psychologiser (diaboliser) ce qui n'était, en fait, que l'exploitation continue et rigoureuse du potentiel de situation engagé.

Bien des entreprises étrangères n'ont pas manqué de s'indigner, du moins dans les premiers temps, de la mauvaise foi de leurs partenaires chinois ; mais je crois que, là encore, il s'agit d'une vision partiale qui n'a pas su remettre en question ses propres présupposés. Car l'accumulation de potentiel de situation joue aussi de façon positive dans l'établissement des relations humaines. Tel est le cas de l'« amitié », fondée sur la vertu de *xin,* que je traduirais moins par « sincérité » (dire ce qu'on pense) que par *fiabilité* (tenir ce qu'on dit). Car l'amitié bien sûr ne peut être décrétée, la confiance se gagnant progressivement, au fil d'un déroulement, dans la durée – là aussi, il y faut du procès : fiabilité répond à « viabilité » (celle du *tao,* la « voie »). Or, cela vaut aussi en affaires. Quand on dit « vieux amis » aujourd'hui encore, en Chine, entre partenaires, on peut entendre, sous la politesse de la formule, le bénéfice du capital qui, sans même qu'on s'en rende compte, au fil des jours, imperceptiblement a crû et est devenu solide, et même intangible : les deux personnes se sont suffisamment frottées l'une à l'autre et pratiquées pour que, sans même se faire de déclaration, par le seul acquis de ce déroulement, elles savent qu'elles peuvent compter absolument sur l'autre et s'y fier. Sur la seule base, mais complètement assurée, du processus accumulé, qui est bien, finalement, la seule garantie effective : il n'est plus alors besoin de la « glue » des contrats (comme dit le taoïste) pour se lier.

PROGRÈS/PROCÈS

La leçon chinoise, en somme, est que l'efficacité est toujours le résultat d'un processus. Il y faut du déroulement. Vous retrouvez là la grande notion chinoise de *tao*, la « voie », ou, comme je viens de le traduire à l'instant, la *viabilité*. Car ne nous y trompons pas, en dépit de ce que paraît avoir fatalement de commun, à travers la diversité des cultures, ce thème de la « voie » : la voie chinoise n'est pas une voie qui « mène à », telle la voie religieuse européenne, ou la voie de la philosophie qui, comme au début du *Parménide*, conduit à la vérité. Dans le contexte chrétien, la voie mène au Père (au Salut, à la Vie éternelle). Notre imagination européenne de la voie est liée à l'idée d'un aboutissement, toujours le *telos* ; alors que le *tao* chinois n'est pas une voie qui *mène à,* mais la voie *par où ça passe,* par où c'est possible, par où c'est « viable ». Elle est la voie de la régulation, la voie d'harmonie par où le processus, parce qu'il ne dévie pas, se trouve incessamment reconduit. – C'est elle que magnifie en Chine le terme de « Ciel ». Le « Ciel », comme notion suprême, est ce cours qui, par son alternance régulée, celle du jour et de la nuit, du chaud et du froid, des saisons, fait que le monde ne cesse de se renouveler, sans jamais s'épuiser. Il n'y a là aucune idée d'aboutissement ; il y a là *procès* et non pas *progrès*.

L'idée de progrès, en revanche, vous le savez, a servi d'axe au développement de la pensée européenne, à l'époque moderne ; voire, quand l'Europe vient pour la seconde fois en Chine, non pas avec les missions, mais, si j'ose dire, avec les canons, c'est-à-dire avec toute la puissance de la science appliquée à la nature, et ce à partir du milieu du XIXe siècle – à l'époque de la Guerre de l'opium (s'ensuivent l'ouverture de force des ports chinois, les « traités inégaux », les concessions : la Chine dépecée) –, la Chine découvre en Europe cette idée du Progrès portée à son sommet (dans le positivisme et par la science). Elle se rend compte alors que cette idée du progrès, à quoi est dû à ses yeux l'essor de la puissance européenne, elle-même ne l'a pas développée ; aussi devra-t-elle l'emprunter (en adhérant à l'évolutionnisme, puis au marxisme). Car justement le progrès engage la finalité, tandis que le procès ne donne à considérer que sa capacité de renouvellement et son rendement : le Ciel, en Chine, est le Procès du monde porté à son plein rendement (procès de l'Histoire comme de la Nature : l'Empereur est « Fils du Ciel ») ; et tel est aussi le « Ciel » que rejoint personnellement le Sage de façon à laisser sans cesse se renouveler sa vitalité, au lieu de l'épuiser – artificiellement, par activisme – et à la porter à ce plein régime.

COMMENT PENSER L'OCCASION ?

J'ai inscrit, du côté européen, la modélisation et son application, le rapport moyen - fin et l'héroïsme de l'action ; reste un terme que je ne peux éviter de rencontrer sur ce chemin et par où finalement l'élaboration grecque retrouve la pensée de la situation après s'en être arrachée : l' « occasion », *kairos*. Comme on parle, en milieu managérial, de « kairologie », théorie de l'occasion. Or, qu'est-ce que l'*occasion* ? Elle est, nous dit-on, le moment opportun pour engager l'action ; ou le bien selon la catégorie du temps, nous dit Aristote : ce moment minimal en même temps qu'optimal – entre le pas encore et le déjà plus – sur lequel compte l'homme d'action pour réussir. C'est donc à travers elle que l'héroïsme de l'action rejoint le cours des choses et tente de se faire accepter – intégrer – en lui. Elle est cette mince fissure apparue dans le cours des choses et dans laquelle mon action va s'insérer pour « se brancher » sur lui ; ou encore elle est cette étroite « fenêtre » qui s'ouvre inopinément au sein de l'opacité d'un déroulement et sert soudain de « créneau » favorable à mon intervention : à travers elles, voici que le sujet agissant se retrouve *en phase* avec le monde.

Or vous savez comme la pensée grecque a développé ce grand thème de l'occasion, avant même l'essor de la philosophie. Chez les poètes gnomiques, chez Pindare, chez les Tragiques, on dit : l'occasion, *kairos,* est le maître du monde ; c'est d'elle dont, en dernier recours, dépendent le succès ou l'échec. Puis, quand la philosophie prend son essor, au Vᵉ siècle, on voit comment les penseurs grecs tentent de produire une rationalité de l'occasion pour se l'approprier et la mener du côté de la maîtrise humaine, de la *technique.* En rhétorique, par exemple, chez Gorgias : quand on parle à la foule, il faut tenir compte du bon moment – selon qu'elle est attentive, ou enthousiaste, ou hostile, ou colérique, etc. L'art de la rhétorique et ses figures s'avèrent inutiles s'ils ne sont pas opportuns. Autre domaine : la médecine. Hippocrate pense le *kairos* : pour prescrire un remède, tout dépend du degré d'évolution de la maladie et de l'état du patient ; il n'est pas de bon remède en soi, mais seulement selon l'occasion.

Il me paraît important que la pensée grecque, à l'époque classique, ait cherché à rationaliser le *kairos* pour essayer d'élaborer une maîtrise technique de l'occasion. Comme il me paraît significatif également que cette entreprise quelque part échoue – notamment en contexte aristotélicien : l'occasion résiste à l'emprise, en ce monde sublunaire, par son inévacuable aléa ; et, de *techné,* elle revient à *tuché* : elle appartient en dernier recours au hasard, à la chance. Il en résulte cette figuration familière au monde hellénistique d'un petit dieu qui a des ailes à ses pieds : il va si vite ; qui tient dans sa main un rasoir, tranchant comme le fil de l'occasion ; et qui a sur le devant de la tête un toupet de cheveux, mais le reste du crâne est chauve, c'est lisse : aussi dit-on « saisir l'occasion par les cheveux » ; car, après, il n'y a plus rien – ça glisse. L'occasion est fugitive et ne revient pas. Ce « je ne sais quoi » ou ce « presque rien », auquel est suspendue la réussite, rend notre existence à la fois intense, risquée et dramatique. La pensée de l'efficacité en Europe n'échappe pas à ce face à face dangereux, aventureux, du sujet et de l'occasion.

J'en prends à témoin Machiavel, non plus l'auteur de l'*Art de la guerre,* mais le penseur méditant sur les conditions de succès de l'action politique. La réussite de l'action du Prince se décide entre *virtu* et *fortuna. Virtu* n'est pas la vertu, mais la capacité à risquer sa chance ; et *fortuna,* telle la roue de la Fortune, est cette chance qu'on doit oser affronter. Qui par *virtu* sait affronter la *fortuna* se grandit en héros, tel César Borgia. Ou tel Jules II, le Pape, si peu pape, mais prince italien, qui se dit un jour : cet adversaire est plus puissant que moi ; si je vais le trouver, que va-t-il se passer ? Va-t-il se mettre à genoux, parce que je suis pape ? Ou me trucider (parce que je suis prince) ? Voici qu'il risque le coup et que l'autre se soumet : tentant sa chance, il a gagné. Si Machiavel donne la prime à la jeunesse, c'est que les jeunes, dit-il, « sont plus audacieux » : il faut oser agresser la Fortune « comme on agresse une femme »...

Or, qu'en est-il du côté chinois ? Y trouve-t-on une pensée de l'occasion ? Oui, dans la mesure où il y a bien ce moment final, quand le fruit est mûr et qu'il est prêt de tomber. Si vous ne le cueillez pas, c'est raté. Quand, par suite d'une accumulation progressive de potentiel, la situation favorable en vient enfin à culminer, il faut se garder alors de tout retard, qui serait désastreux : tel l'aigle, selon l'image privilégiée des Stratégistes, après avoir tourné mainte fois dans le ciel, fond abruptement sur sa proie quand elle apparaît le plus fragilement à découvert ; et l'achève alors d'un coup sans qu'elle puisse résister. Ce moment néanmoins n'est que conclusif, il marque le terme d'un processus.

Aussi l'intérêt, voyez-vous, est que la pensée chinoise conduit à déplacer la pensée de l'occasion pour la reporter en amont – ainsi la déploie-t-elle en deux temps : du moment final où il ne s'agit plus que de tendre le bras pour cueillir le fruit, qui sinon sera perdu, elle reporte notre attention vers le moment initial où s'amorce la tendance favorable dont le stratège suit le mûrissement et qui constitue le point de départ de l'occasion. Je traduis ici par *amorce* la notion chinoise (celle de *ji*) pour éviter de lui donner un sens trop théorique et lui garder son caractère opératoire (comme on dit « amorcer un tournant »), par où s'engage le processus. Un facteur est déjà discrètement à l'œuvre, mais qu'on ne voit pas encore ; or, c'est de lui que tout ensuite va procéder. Si je me retourne vers la pensée végétale de la Chine, attachée à la poussée, ce moment, c'est, si vous voulez, février (pensez à la Fête du printemps), quand la sève est déjà dans les racines mais n'est pas encore parvenue au bout des branches et qu'il n'apparaît pas de bourgeons. Néanmoins, le processus (de poussée) est déjà engagé, un essor est à venir : ce moment où s'amorce à peine le facteur porteur, prometteur, où il est encore imperceptible, est le moment décisif ; il est le véritable moment stratégique. C'est lui qu'il faut savoir repérer, *détecter,* pour porter ensuite à son plein développement cette condition favorable et l'exploiter d'un coup, quand elle est parvenue à son sommet. Sans plus de précipitation ni non plus d'hésitation, et même sans plus d'émoi, puisque, on l'a vu, le stratège accompagne ce facteur favorable tout au long de son développement, qu'il l'a aidé lui-même à mûrir et qu'il est donc sereinement prêt à le cueillir. L' « occasion » n'est plus alors, en effet, de l'ordre de la *rencontre* – adventice et même inopinée – mais du *résultat,* longuement mûri et préparé.

DÉCALAGE : EFFICACITÉ/EFFICIENCE

Parce que l'effet alors acquis est l'aboutissement de tout un processus, débuté beaucoup plus tôt et dont le stratège a suivi et favorisé le développement, la victoire alors est « facile », le général n'est crédité d'aucun mérite, etc. : la boucle (logique) est bouclée – vous en constatez la cohérence. En même temps, vous voyez que j'ai trop creusé l'écart avec la conception européenne de l' « efficacité » pour pouvoir m'en tenir encore à ce terme – ou ce terme a-t-il encore le même sens ? Me voici conduit par conséquent à vous proposer une notion décalée de celle avancée au départ, qui ramasse au mieux tous ces traits précédemment évoqués, côté chinois, et fasse globalement entendre l'écart ; qui fasse droit à la différence : à propos de la stratégie chinoise que je viens d'exposer, je préférerai parler désormais d'*efficience*. L'efficience sera cette façon discrète (indirecte) d'opérer en prenant appui sur les transformations silencieuses, sans faire saillir d'événement, de façon à faire croître progressivement l'effet au travers d'un déroulement. Il s'agira moins de conduire – pompeusement, héroïquement – que d'*induire* l'effet. Efficacité me paraît désormais trop spectaculaire, « efficience » n'est attaché qu'au rendement.

On parle d'un homme efficace, on ne songerait guère à parler d'un homme efficient : car l'efficience se constate aux résultats accouchés par les processus eux-mêmes, la tâche du vrai stratège étant de favoriser ceux-ci. Aussi, parce que ce sont les processus eux-mêmes qui génèrent et déploient l'effet, ce stratège ne rencontre-t-il plus ni dépense ni résistance. Mais aussi ne peut-il revendiquer de « gloire » ni se prévaloir du succès. Il est une notion philosophique que je me suis retenu d'avancer jusqu'ici, mais dont vous voyez maintenant qu'elle sert de fonds à cette pensée (qu'elle est le fond du *tao* chinois) : l'*immanence*. L'efficience du stratège en Chine est de capter l'immanence à l'œuvre dans la situation qui se renouvelle, au fur-et-à-mesure de la transformation : tel est le potentiel de situation absorbant la « circonstance » pour en faire apparaître l'opportunité. Elle est d'aller puiser, tel un sourcier, par son repérage des facteurs porteurs, à la source d'avénement *sponte sua* de l'effet : car par elle, sans plus avoir à agir et m'investir, je peux me *laisser* porter.

OBJECTIONS

Mais sans doute en avez-vous assez de me voir dévider indéfiniment l'évidence : celle de l'efficience-immanence ; de me voir vous répéter imperturbablement comme il est avantageux d'aider le passage à passer : comme il est aisé d'envisager la situation en ressource, ou *fonds,* qu'on fait fructifier ; ou comme il faut se garder de tirer sur les pousses, mais qu'il convient d'apprendre à biner... Vous n'en pouvez plus de ce tissage de la cohérence et bouillez d'impatience. Vous réclamez le droit de la perte volontaire et du sacrifice, comme de l'effet qui se voit et de la noblesse de l'exploit. Car vous savez bien sûr que c'est là ce qui suscite le désir et fait nostalgiquement rêver... Rassurez-vous : je ne suis pas en train de vous vendre la Chine, même si c'est l' « année de la Chine », cette année. Il m'a paru seulement qu'il était temps de cesser de traiter de la pensée chinoise sur un mode mystico-nébuleux qui la fasse apparaître comme l'envers du rationalisme européen (le *Tao,* la « Voie », son ineffable, etc.). Car cet envers ne serait bien sûr que notre endroit retourné : cet usage exotique de la Chine permet de ne pas sortir du confort de sa pensée. La pensée chinoise présente beaucoup plus d'intérêt que de servir à nos défoulements théoriques ; ou que de jouer le rôle de soupape à nos modes de rationalité.

Car vous constatez que, en élaborant cette conception de l'efficience, la pensée chinoise a réfléchi ce que nous savons aussi, par expérience, mais que nous n'avons guère théorisé – que nous avons moins éclairé. Parce que la pensée européenne a éclairé prioritairement et exploité d'autres possibles de la pensée : l'abstraction théorique, le caractère hypothético-déductif de la science, le statut de l'idéal et de la Vérité, etc. Aussi ne devons-nous pas chercher naïvement en Chine des solutions aux problèmes qui sont ceux auxquels conduit chez nous la philosophie. La chance de notre époque, en revanche, est que, nous libérant de notre ethnocentrisme culturel (de part ou d'autre : européen ou chinois), nous pouvons, en travaillant patiemment, ouvrir ces pensées l'une à l'autre ; et, profitant de cette double source d'éclairage – de cette double « clarté », comme dirait Pascal –, accéder à ce qui s'appellerai un *auto-réfléchissement* de l'humain. Nous pourrons circuler alors allègrement à travers ces intelligibilités différentes et les faire dialoguer, car ces pensées diverses sont également intelligibles (« logiques ») – et c'est même sans doute cela l' « intelligence ».

Aussi permettez-moi, avant de vous donner la parole, d'anticiper sur vos critiques : d'apporter une restriction à mon propos comme de répondre à une première objection qu'il ne peut manquer de susciter ; puis de vous en fournir des illustrations dans l'histoire en même temps que de marquer une limite à sa pertinence. Car il y a bien sûr ce que la Chine n'a pas pensé. À titre d'abord de restriction nécessaire : j'ai présenté ici la pensée des stratégistes chinois, *i.e.* des penseurs de la stratégie, sans prétendre pour autant que c'est ainsi que les guerres, en Chine, se sont déroulées : il s'agit là d'élaborations théoriques (même si les commentateurs du *Sunzi* donnent, à maints passages du traité, nombre d'exemples empruntés à l'histoire chinoise).

Mais, quand je dis « théoriques », il ne s'agit pas de se cantonner, pour autant, dans le spéculatif. Voyez par exemple comme le jeu de *go,* par différence avec les échecs, est en mesure d'illustrer, dans la façon même d'*opérer,* cet écart des conceptions (souvenez-vous de Leibniz que je citais en commençant : « Leurs jeux mêmes diffèrent... »). Qui a pratiqué tant soit peu le jeu de *go* sait combien les combats ne s'y font point par des chocs frontaux, mais par « attirances » et « répulsions » (comme le tracé, en Chine, dans l'art de l'écriture ou de la peinture), au sein de rapports de forces ambigus et malléables, manipulables, l'attaque partant de loin et progressant en oblique. Les circonvolutions complexes et les contournements priment dans cette stratégie. En l'absence d'objectif prédéterminé, puisqu'il n'y a pas de pièce maîtresse à anéantir ni de zone sensible à conquérir, les premières pierres, dispersées, esquissent un champ d'influence qui dessine, en s'organisant, un territoire potentiel où mon influence est susceptible de s'incarner ; progressivement connectées, elles rendront enfin ce territoire solide et durable. Là aussi, je ne cherche pas à détruire mon adversaire et à l'éliminer (« échec et mat ! »), mais je le combats seulement pour exister davantage – en me servant de lui tout autant qu'en opérant contre lui.

À titre maintenant de première objection que vous ne manquerez pas de me faire : si, lorsque je cherche à détecter un facteur porteur, même embryonnaire, même seulement amorcé, je ne trouve rien, qu'est-ce que je fais ? Si je n'ai rien sur quoi m'appuyer, pas le moindre facteur favorable, pour me laisser porter ? Eh bien, je ne fais rien. Parce que, si je fais, à l'évidence, je ne vais pas seulement prendre des risques, mais cours fatalement à ma ruine. Ce sera peut-être beau, tragique, héroïque, mais de peu d'effet. Si, évaluant le potentiel de situation, vous ne percevez aucune amorce favorable à faire fructifier, vous attendez. Parce que vous savez que le monde ne cesse de se renouveler et que la situation dans laquelle vous êtes engagé, en se transformant, fera nécessairement apparaître d'autres linéaments sur lesquels vous pourrez à nouveau vous appuyer. En attendant, je me retire, je m'épargne, cette mauvaise passe est à passer. Dans le plus ancien texte littéraire de la Chine, le *Classique des poèmes,* contemporain de notre *Iliade,* il est dit : « Si le monde est en ordre, on peut y participer ; si le monde est en désordre, il faut se faire tolérer. » Quand vous lisez dans le journal, en Chine, que tel homme politique s'est retiré à la campagne, ou bien s'est fait porté malade, certes il peut être malade ou prendre des vacances, cela arrive, mais le plus souvent cela signifie qu'il s'est retiré parce qu'il sent que plus rien n'est assez porteur pour lui : se mettant ainsi sur la touche, il attend que « ça passe », parce qu'il sait que la situation va changer et que, la situation se modifiant – toute situation étant appelée nécessairement à se modifier –, du potentiel va commencer peu à peu à se réamorcer.

LA « LONGUE MARCHE » EST-ELLE UNE ÉPOPÉE ?

Je montrerai aisément que les grands hommes politiques de la Chine, encore au XXe siècle, qu'il s'agisse du Grand ou du Petit Timonier, ne se sont pas conduits autrement. Prenez la Longue marche. On l'a considérée en Europe sur un mode héroïque ; et même la Chine nous l'a vendue comme une épopée. Mais, quand vous l'analysez d'un peu près, vous voyez que tel n'est guère le cas. Reprenons l'histoire de la Chine là où je l'ai laissée, à la fin du XIXe siècle, quand la Chine est conquise par la puissance européenne adossée à la science. La Chine avait déjà été conquise, vous le savez : par les Mongols, par les Mandchous. Mais il ne s'agissait alors que de « barbares » des confins, qui progressivement se laissaient siniser. Or il en va tout autrement avec l'agression européenne, car, pour la première fois, la Chine est conquise par une civilisation. Le trauma est immense. Se découvrant totalement démunie, la Chine doit emprunter au « lointain Occident » ses modèles : le langage de la science et les théories du progrès dans l'Histoire, et même la Révolution. La Chine ne réussissant pas à se moderniser, à la différence du Japon, et sombrant au début du XXe siècle dans un désordre de plus en plus profond, les plus radicaux en viendront à emprunter le modèle de ce qui paraît avoir le mieux réussi aux portes de la Chine, dans des conditions sociales et politiques les plus proches des siennes : le bolchévisme. Le Parti communiste chinois est fondé (1921), qui va appliquer à la lettre le modèle bolchévique. Évidemment cela ne marche pas, ne peut marcher, puisque le modèle bolchévique s'est développé à partir d'un prolétariat ouvrier, « soviétique », et que la Chine est un pays de paysans. Ce qui conduit fatalement à l'échec, ou, pour paraphraser le *Sunzi,* cela non plus « ne dévie pas » : ce premier mouvement révolutionnaire chinois périt en 1927, comme l'a si bien décrit Malraux dans *La Condition humaine,* au fond des chaudières de Shanghai.

Un coup d'arrêt brutal est porté à la Révolution chinoise : les communistes sont éliminés par les nationalistes de Tchang Kaï-Chek. Et après ? Les survivants et les autres communistes dispersés de par la Chine se retrouvent à l'écart, dans les montagnes, aux Jinggangshan. Mais, là, ils n'ont plus de potentiel. Alors que les nationalistes de Tchang Kaï-Chek sont au sommet du leur : puisque Tchang Kaï-Chek peut se prévaloir d'avoir refait l'unité de la Chine, peut encore jouer fortement du facteur « nationaliste », ne s'est pas encore ouvertement compromis avec les puissances impérialistes, etc. Tchang Kaï-Chek, à l'apogée de sa puissance, entreprend alors des campagnes d'encerclement pour éradiquer ces bases communistes. Première-deuxièmetroisième-quatrième-cinquième campagne d'encerclement : en 1934, les communistes sont sur le point d'être éliminés. Alors, que faire ? Ils auraient pu se battre jusqu'au dernier, se sacrifier – au nom des valeurs. La Garde se bat et ne se rend pas, héroïquement...

C'est alors qu'ils entreprennent la Longue marche, qui est ce grand détour par l'ouest de la Chine, de façon à se faire tolérer par l'Histoire. Bien sûr, au quotidien, cette marche est héroïque, parce qu'ils traversent un relief impossible, parce qu'ils sont poursuivis, que les nationalistes sont mieux armés qu'eux, etc. Beaucoup périront en chemin. Mais, selon sa logique, et même si la manœuvre a commencé d'abord dans la précipitation (que critiquera Mao), la Longue marche est cette mauvaise passe qu'on réussira finalement à passer. C'est à ce moment d'ailleurs que Mao assoit son pouvoir sur le Parti (à Zunyi, en 1935), quand il critique l'application trop dogmatique du modèle soviétique et réintroduit les notions de stratégie indirecte, opérant par tour et détour, de biais, et se développant dans la durée. Ce qui lui permet de retrouver peu à peu du potentiel, jusqu'à pouvoir renverser la situation quand il réussit à contraindre les nationalistes de Tchang Kaï-Chek, en 1936 (le fameux incident de Xian), à s'allier à nouveau à lui. Alors que, en 1934, il est sur le point d'être éliminé par eux. Que s'est-il passé entre-temps, *grâce à ce déroulement* ? Survivant à l'élimination brutale et réintroduisant de la temporisation et du délai, il a permis que réapparaissent des facteurs favorables, jusqu'à retrouver de l'initiative (l'art de « temporiser » du vieux *Cunctator* romain relève bien de la même expérience, mais n'a guère été réfléchi ; Machiavel lui-même l'a perçu, dans ses *Discours,* mais ne l'a guère théorisé). – Ce facteur « porteur », si j'ose dire, est l'agression japonaise, qui avait débuté quelques années plus tôt mais prend une nouvelle dimension en Chine, en 1936 (après la formation du Mandchoukouo), et permet à Mao de forcer les nationalistes à former un « front uni » avec lui : c'est à la Longue marche, vous le constatez, qu'il a dû le retour du potentiel de son côté.

CHERCHER UNE MARGE POUR SUBSISTER (AU LIEU DE SE SACRIFIER)

Quand on s'allie à son adversaire, c'est pour le vider progressivement de son potentiel et s'approprier celui-ci ; aussi, en 1945, la guerre est finie partout dans le monde, sauf en Chine où les communistes, devenus puissants, sont désormais en mesure de se retourner contre les nationalistes. À partir des grandes campagnes de Lin Biao déclenchées au nord de la Chine, ils chassent progressivement les nationalistes vers le Sud, et voici enfin ceux-ci repoussés, quatre ans plus tard, jusqu'aux côtes du Fujian. Or, que font-ils ? Eux aussi pourraient se battre jusqu'au dernier, au nom des principes, et se sacrifier. Mais ils passent à Taïwan, y cherchant à leur tour une marge, pour se faire tolérer par l'Histoire et subsister. Il est clair qu'ils ont perdu la bataille politique, le facteur nationaliste, en dépit du nom de leur parti, ne les portant plus, puisqu'ils paraissent compromis avec les Américains ; voire, ce facteur nationaliste s'est renversé en faveur des communistes, Mao ayant assuré son succès au nom, non du communisme, mais du nationalisme et de la « terre aux paysans ». Cette situation néanmoins, comme toutes les autres, est appelée à se renouveler et peut fournir le départ d'un nouvel essor, d'abord très timide, s'appuyant sur un facteur encore très embryonnaire, à peine amorcé, qui est de nature économique. À Taïwan, en 1949, cet atout est à peine perceptible, mais il a point avec l'occupation japonaise et bénéficie de l'aide américaine. D'où l'idée qui apparaît très tôt, chez les nationalistes, que, s'ils ont perdu la partie sur le plan politique, ils peuvent la reprendre et la réengager, très modestement au départ, sur le plan économique ; et qu'ils pourront reconquérir la Chine en l'achetant. Ce qu'ils ont fait d'ailleurs, depuis, en partie.

DENG A « TRANSFORMÉ » LA CHINE

Le stratège jamais ne se décourage ni ne se sacrifie, car il compte sur le renouvellement à venir de la situation, y guettant des facteurs qui le porteront d'eux-mêmes à se rétablir. Jamais Deng Xiaoping n'a affronté Mao, au début de la Révolution culturelle, ni, plus tard, ceux qu'on appellera la « Bande des quatre ». S'il les avait affrontés, comme tant d'autres, il s'y serait brisé ; mais il s'est laissé démettre-limoger-critiquerconspuer – il a fait son autocritique. Car l'important alors était de rester vivant, de subsister. Car il savait que la « révolution continue » ne durerait qu'un temps, que le facteur adverse qui l'abattait irait lui aussi en s'épuisant, ou que le « rouge » ne pourrait l'emporter toujours sur l' « expert » – bref, qu'un facteur se renverse dans l'autre et que, la Chine ayant faim, l'économie nécessairement reprendrait ses droits. Aussi a-t-il su « attendre » ou, mieux, se maintenir en état d'attendre : si bien que, par deux fois, son retour aux affaires a paru inéluctable, tant il se trouvait effectivement impliqué par la situation. On le critiquait encore, à la mort de Mao, qu'il était déjà rappelé ; et, grâce au potentiel accumulé, il a pu transformer la Chine, en quelques décennies et sans grand événement. Il n'a pas vraiment « agi », encore moins a-t-il fait figure de grand homme : le « petit » timonier.

Car, vus de Chine, les événements qui ont marqué ces décennies, si cruels et même odieux qu'ils aient été (Printemps de Pékin, Événements de la place Tian An Men...), sont plutôt montrés comme des coups d'arrêt aux déviations qui menaçaient l'équilibre de l'évolution en cours : en « lâchant » puis « resserrant », en soufflant successivement le « chaud » et le « froid », on maintiendrait l'alternance de la régulation. Je ne suis pas en train de faire l'éloge du régime. Reste que Deng a su *transformer* la Chine, la faisant passer du régime de la Lutte des classes à une société hypercapitaliste fondée sur le profit personnel et l'argent, sans avouer pour autant de rupture, déstabilisante et menaçant l'économie (pas de démaoïsation aboutie ni de renversement de l'autorité) et même en maintenant la structure étatique du Parti (qui ne s'en est pas moins renouvelé). Le cas est unique (pas de XXe Congrès ni de contre-révolution, comme dans l'ancienne URSS). Deng Xiaoping a pu faire croître ainsi progressivement le potentiel de la Chine (économique - politique - international) au point que le monde se réveille aujourd'hui étonné devant sa puissance. On ne voit pas la transformation en train de se faire, mais on en constate le résultat. De même, on ne voit pas la diaspora chinoise se développer à Paris, mais elle s'accroît d'année en année, et voici qu'on se rend compte soudain, un beau jour, que, dans sa rue, il n'y a plus que des magasins chinois, qui ne vendent guère d'ailleurs : ils sont là comme pierres d'attente ; ou que la Fête du printemps (le Nouvel an chinois) prend, en France, d'année en année, de plus en plus d'importance.

QU'EST-CE QU'UN GRAND POLITIQUE ?

Mais cette illustration de l'efficience se limiterait-elle aux seuls cas chinois ? Je me demande notamment si celui qu'on a appelé un « grand politique », en Europe, n'est pas précisément aussi quelqu'un qui sait user du potentiel de situation. Nous en avons peu éclairé la notion, il est vrai, voire les partis pris théoriques qui ont prévalu de part et d'autre, en Chine et en Europe, peuvent manifestement différer, il n'en reste pas moins le commun de cette expérience. Je songe, par exemple, au général de Gaulle. Son fameux passage à Londres, notamment, comment l'interpréter ? Il est clair que, en juin 1940, en France, il n'y a plus de potentiel de situation : plus aucun ressort sur quoi s'appuyer, c'est « plat », comme on parle d'un « encéphalogramme plat ». Plutôt que de se soumettre (à Vichy) ou de se faire arrêter, le Général passe à Londres. Londres, c'est son Taïwan. Si l'on a surtout retenu, en France, la grandeur du Non (mais si peu entendu...) prononcé contre l'humiliation de la défaite, je crois qu'on peut aussi lire ce passage à Londres « à la chinoise ». Ou, plutôt, je crois que, parce que le Général a su coupler à ce moment l'héroïsme mobilisateur du Non, du Refus, avec l'intelligence stratégique de ce qu'était alors le potentiel de situation, sa conduite fut effectivement celle d'un grand homme. Il ne s'est ni sacrifié ni découragé.

À Londres, *en marge,* il a pu faire en sorte que se réamorcent, si modestement d'abord, des facteurs porteurs, de façon à refaire croître peu à peu, méthodiquement, obstinément, du potentiel de situation. Jusqu'à revenir enfin en France, porté par tout le potentiel accumulé et sans plus avoir à s'imposer : car légitimé *de fait* par la situation (les Américains ont dû céder). Je lirais de même façon la « traversée du désert » du Général, de 1953 à 1958. Quand il constate que l'instabilité politique de la Quatrième République n'est pas viable et que la France s'enlise dans le régime des partis, de Gaulle choisit de se retirer. Telle est la grande leçon chinoise (qu'on lit notamment dans le *Laozi*) : plutôt que de se porter coûte que coûte en avant, ce qui est risqué et usant, en même temps que de peu d'effet, mieux vaut de soi-même se retirer et attendre que la situation *vienne vous chercher* (De Gaulle, en 1953 : « L'occasion d'un regroupement peut venir [...]. Il faut préparer le recours »). Le facteur portant au renouvellement de la situation – facteur « porteur », si j'ose dire – est alors la guerre d'Algérie. Souvenez-vous du « Il faut rappeler le général de Gaulle », de plus en plus répété. *Rappelé,* le Général a pu revenir avec un maximum de potentiel de situation, au point de pouvoir changer la Constitution.

J'imagine que, retiré, isolé, dans ce petit village de Colombey-les-deux-Églises, et se voyant vieillir, le Général a dû être pris parfois des mêmes inquiétudes que celles que pouvait éprouver Deng Xiaoping, banni, en attendant la mort de Mao. Et si la situation tardait à se renouveler et que des facteurs porteurs ne réapparaissent que dans trop longtemps ? S'il me fallait trop « attendre » ? Si je meurs avant ? J'imagine, en effet, que le grand homme qui sait appuyer sa conduite sur la propension des choses peut être pris de doute, quand il se retire, de ne plus se retrouver en phase avec le devenir ; de voir se défaire la synchronie entre son potentiel vital et le potentiel de situation. C'est pourtant à ce prix, d'une *résolution à la patience,* celui de ne pas tirer sur les pousses pour accélérer la poussée, que le grand homme peut ensuite se trouver *porté.* Ainsi, c'est parce qu'il a su attendre que la situation vienne le chercher, que, revenant enfin aux affaires avec tout le potentiel accumulé, le général de Gaulle a pu changer de Constitution en temps de paix. D'ordinaire, il faut la guerre ou la Révolution. D'aucuns qui voudraient à nouveau, aujourd'hui, changer la Constitution de la France doivent mesurer précisément combien leur manque un tel potentiel de situation.

Le mérite du général de Gaulle aurait été de coupler les deux, ou de marcher sur ses deux jambes, selon l'expression du président Mao (une « jambe » stratégique – une « jambe » héroïque) : de s'appuyer sur les facteurs porteurs mais aussi de mobiliser les volontés. Car je vois une limitation majeure à cette pensée de l'efficience, telle que l'a développée la Chine ; et, par contrecoup, un intérêt à la modélisation, quitte à ce que celle-ci soit de moindre effet du point de vue même de l'efficacité escomptée. La pertinence de cette pensée de l'efficience est stratégique, mais son point aveugle est politique. Car on sait bien que, si l'on modélise tant en politique, notamment en France, non seulement dans des constitutions, mais aussi dans des programmes électoraux, car les programmes électoraux sont aussi des modélisations projetées, sur le court ou le moyen terme, ce n'est pas en vue de l'effet proposé : quand les partis rédigent des programmes, on « sait bien » que ce n'est guère pour les appliquer. Car viennent ensuite les « circonstances »... Tout le monde le sait, on n'est pas si sot. Mais à quoi sert alors la modélisation en politique ? Non pas à appliquer, mais à se concerter ; ou, je dirais, à faire de la démocratie. Les programmes électoraux sont élaborés, non pas tant en vue d'être appliqués, que pour qu'on puisse en discuter, prendre position et s'opposer ; bref, ils servent à organiser du débat.

Or, c'est ce qu'il n'y a guère en Chine ; et l'on voit où le bât blesse, côté chinois, quand on lit le *Sunzi*. Il y est dit : le grand général manie les troupes comme des moutons. Non seulement les troupes adverses, mais les siennes propres. Dans sa détection des facteurs porteurs comme dans la transformation de la situation à partir d'eux, le stratège est porté au secret : le grand manipulateur est seul dans sa manipulation ; par suite, s'éteint toute possibilité de discussion publique et de mobilisation volontaire. Je pense, en somme, qu'il n'y a de concertation que s'il y a conception d'une forme idéale posée comme but, même si vient ensuite la « friction » ; et cela vaut aussi dans l'entreprise. – Clisthène, le père de la démocratie athénienne, n'a pensé lui-même sa réforme que sous l'influence des modélisations théoriques apparues chez les penseurs d'Ionie (Thalès, Anaximandre) et sous l'influence des mathématiques ; il y a bien, depuis les origines, un lien intrinsèque entre la construction d'un statut d'idéal, modélisé (et même thématisé), et la démocratie. Or vous savez aussi que la Chine est en panne de démocratie, encore aujourd'hui.

C'est pourquoi, à l'heure où tout le monde célèbre enfin, comme une découverte, le triomphe à venir du potentiel chinois, définissant à qui mieux mieux en quoi la Chine est en train de changer le monde, je m'interroge encore. Non pas que la montée en puissance de la Chine, dans les prochaines décennies, ne soit pas assurée, ou que la Chine ne soit pas promise à occuper le premier plan sur la scène mondiale – les dérégulations qui pourront survenir, ici ou là, n'y changeront rien. Mais parce que, s'il est facile, quand on est second, d'être porté par le premier, la donne change alors tragiquement lorsqu'on est condamné à l'initiative et contraint à porter à son tour le flambeau. À preuve, les États-Unis d'aujourd'hui. La Chine mange actuellement son pain blanc ; sa croissance est « facile ». Mais, s'ouvrant au commerce international, qui est aussi celui des idées, la Chine ne pourra se tenir toujours à l'écart de la pensée de la finalité. Le « profit » (rendement) un jour n'y suffira plus. Elle ne pourra toujours éliminer aussi commodément le négatif qu'elle le fait aujourd'hui, en prétendant le gérer et mettre en boîte selon la bonne tradition maoïste (à quoi sert encore le Parti).

On me fait souvent remarquer que l'accélération de la vie des affaires et la pression boursière ne peuvent s'accommoder du temps long et de l'attente d'un déroulement. Mais n'y aurait-il pas là encore illusion ? Ne prenons-nous pas souvent pour urgence, le vivant sur le mode intense de l'événement, ce qu'on pourrait voir venir de plus loin, si l'on savait en suivre la maturation ? En revanche, je crois que la Chine ne pourra se garder indemne des « questions de sens » : celles-ci ne manqueront pas de l'ébranler, et peut-être de l'éventrer, quand, tels les dieux sanguinaires des mythologies, elles feront apparaître crûment leur béance et réclameront leur dû.

C'est alors que l'Europe pourra retrouver son importance, même si elle est alors à la traîne dans sa production – du moins si l'Europe a su se faire, sans se contenter de défaire ses nations ; si, au lieu de verser dans un consensus plat, ennuyeux, délétère, se glorifiant d'avoir fait tomber ses frontières, elle sait encore trouver de nouvelles voies fécondes, inventives, au travail de la séparation, de la dissension et du négatif (qui ne soient pas simulés). Car, à partir de sa vieille tradition eschatologique comme de sa passion herméneutique, et à travers le lien conflictuel qui s'est tissé au fil des âges entre la religion et la philosophie, l'Europe s'est acquis une certaine expérience des questions de sens – ou, je dirais, une certaine sagesse. Un art de la « gestion », là encore, mais du sens, ou plutôt du non-sens, de l'absurde, de la Perte.

La « sagesse », selon ce terme qu'on emploie encore aujourd'hui, comme pis aller, pour évoquer la pensée qui s'en va chercher en deçà de la philosophie et la déborde, se retrouvera peut-être alors – étonnamment – non plus en « Orient », mais de ce côté-ci.

Collection LIBELLES

La structure de l'iki – Kuki Shûzô. Texte traduit du japonais, annoté et préfacé par Camille Loivier, postface d'Atsuko Hosoi et Jacqueline Pigeot

Les non-dits de l'anthropologie – Sophie Caratini

Le vide et la haine. Éléments pour une histoire archaïque de la négativité – André Laks

L'indifférence à la psychanalyse. Sagesse du lettré chinois, désir du psychanalyste – Rencontres avec François Jullien publiées sous la direction de Laurent Cornaz et Thierry Marchaisse

Théorie du persiflage – Pierre Chartier

Introduction à la culture japonaise. Essai d'anthropologie réciproque – Hisayasu Nakagawa

Agenda de la pensée contemporaine, n° 1 – Publié sous la direction de François Jullien

Imprimé en France
par Vendôme Impressions
Groupe Landais
73, avenue Ronsard, 41100 Vendôme
Septembre 2005 — N° 52 276